Waldemar Pisarski
Anders trauern – anders leben

Waldemar Pisarski

Anders trauern –
anders leben

Chr. Kaiser

CIP-Titelaufnahme der Deutschen Bibliothek

Pisarski, Waldemar:
Anders trauern - anders leben / Waldemar Pisarski.
– 3. Aufl. – München: Kaiser, 1990
(Kaiser-Taschenbücher; 31)
ISBN 3-459-01733-3
NE: GT

© 1982 Chr. Kaiser Verlag München
Alle Rechte vorbehalten, auch die des auszugsweisen Nachdrucks,
der fotomechanischen Wiedergabe und der Übersetzung
Dieser Titel war bisher in der Reihe »wachsen und gestalten«
lieferbar, hg. von Richard Riess.
Umschlag: Ingeborg Geith, München, unter Verwendung der
Zeichnung von Georges Seurat, Lesende Frau, ca. 1883
aus dem Band Georges Seurat Zeichnungen
Prestel-Verlag München, 1983
ISSN 0931-7732
Satz: Buch-und Offsetdruckerei Wagner GmbH, Nördlingen
Druck und Bindung: Clausen & Bosse, Leck
Printed in Germany

Inhalt

Verehrte Leserin, verehrter Leser!

Lange Jahre war ich Krankenhauspfarrer in einem großen Universitätsklinikum. In jener Zeit ist dieses Büchlein entstanden. Täglich mußte ich von Menschen Abschied nehmen. Dieses ständige Loslassen, Freigeben, Auf-Wiedersehen-Sagen gehörte für mich zu den ganz schweren Seiten meines Berufes.

Manchmal wollte ich mich fortstehlen. Da hatte ich einen Menschen ein Stück seines Weges begleitet. Ich hatte ihn oder sie kennengelernt, schätzen gelernt, hatte mitgelitten, als alles dunkel und ausweglos schien und mich mitgefreut über kleine Zeichen der Besserung. Dann kam die Stunde des Abschieds. Was jetzt sagen? Wie auseinandergehen? Ich stellte mir vor, ich könnte auf leisen Sohlen zur Tür schleichen, sie öffnen, hinausgehen und kurz vor dem Schließen noch einmal meinen Kopf ins Zimmer stecken: »Also, dann Adieu...«

Ja, ich kenne das. Trauern, das ist ein Zeichen von Schwäche, von Nachgiebigkeit, von Sich-gehen-lassen. Peinlichkeit kommt auf, Verlegenheit entsteht. Meine Hilflosigkeit scheint die anderen anzustecken, und ihre Hilflosigkeit kehrt wieder zu mir zurück und verstärkt meine. Also versuche ich, Haltung zu bewahren. Nur nicht die Beherrschung verlieren! Ich muß mich zusammennehmen. Ich muß mit meiner Trauer allein fertigwerden.

Ich kenne allerdings auch das andere. Meine Gefühle dürfen fließen. Ich darf von meinem Kummer erzählen. Ich lasse meinen Tränen freien Lauf. Jemand ist da und hört mir zu. Ich bin ganz angenommen. Ich bin gehalten. Es tut unendlich gut. Es ist wie ein Stück vom Paradies.

Umgang mit Trauer, einmal so und einmal so. Das eine Mal behalte ich meine Trauer für mich. Sie bleibt in mir eingeschlossen. Aber dort, in meinem Inneren, lebt sie weiter. Ganz anders, wenn meine Trauer fließen darf. Mein Leid ist ausgesprochen, auch heraus-gesprochen. Ich spüre die Erleichterung. Eine wohltuende Ruhe kehrt ein. Allmählich kann ich loslassen, was der Vergangenheit gehört. Die Erinnerung bekommt freundliche Züge. Ich empfinde Dankbarkeit und Freude für das, was gewesen ist und sehe ohne Bitterkeit auf das, was nicht möglich war. Es bindet mich nicht mehr. Ich werde frei, frei für neue Begegnungen, für neue Erlebnisse.

Vielleicht klingt dies für Sie an der einen oder anderen Stelle vertraut. Sie erleben ähnliches, kennen diese Schwierigkeiten oder sehnen sich nach ähnlich beglückenden Erfahrungen. Ich möchte Ihnen Mut machen, sich zu Ihrer Trauer zu bekennen. Das ist ein großes Wort. Ich will versuchen, es so zu übersetzen, daß es nicht beängstigend wirkt wie eine unüberwindbar hohe Hürde, die vor Ihnen steht, sondern einladend, wie ein guter, gangbarer Weg, auf dem ich Sie begleiten möchte, Schritt für Schritt.

Seit einiger Zeit arbeite ich in Dachau, in der Gedenkstätte des ehemaligen Konzentrationslagers. Hier erlebe ich Trauer noch einmal von einer ganz anderen Seite her. Ich sehe Bilder und lese Dokumente, die von einer fast unvorstellbaren Gewalt zeugen. Tausende von Menschen wurden an diesem Ort erschlagen, ermordet, vernichtet. Heute noch spüre ich etwas von dem Grauen jener Jahre. Es ist, als ob es sich in den Steinen und Fundamenten festgemacht hat: »Gelobt sei, was hart macht!« und »Toleranz ist Schwäche!« Parolen der SS.

Die meisten Menschen, die zu mir in die Versöhnungskirche kommen, standen noch kurz vorher vor den Öfen in den Krematorien, die kaum 50 Meter entfernt sind. Sie kommen erschüttert, aufgewühlt, kommen voller Tränen, vollen Zorns, voller Abscheu. Wie gehen wir mit der Nachtseite unserer Geschichte um? Wie trauern wir um all das, was geschehen ist? Fragen, die in diesem Buch sehr zurücktreten, aber vergessen sein sollen sie nicht! Was für uns als Einzelmenschen gilt, gilt wohl auch für unser Volk. Nur durch die Trauer hindurch können wir Lösung und Linderung erfahren, können wir in der Gegenwart leben, frei und befreit. Ich denke an die Worte, die uns aus der jüdischen Weisheit entgegenkommen: Das Vergessenwollen verlängert das Exil, und das Geheimnis der Erlösung heißt Erinnerung.

Dachau, im Mai 1988   Waldemar Pisarski

I Die Antwort heißt Trauer

1. Den Schmerz annehmen

Zunächst ist der Schmerz da. Trauern tut weh. Ich stelle mir vor, daß Sie sich oft gegen diesen Schmerz wehren. Daß Sie ihn loswerden möchten. Er soll gehen und nie, nie mehr wiederkommen. Doch er läßt nicht ab. Er füllt Sie völlig aus, da ist nichts, was er ausspart, nichts, was er schont. Alles ist wund. Es brennt und will nicht aufhören. Es schreit und will nicht enden. Es zieht und zerrt, aber da ist nichts, was sich löst und Ihnen ein wenig Ruhe schafft. Der Morgen kommt. Der Schmerz ist da. Der Abend naht. Der Schmerz ist da und folgt Ihnen durch eine ruhelose Nacht. Willst Du nicht von mir lassen?

Schmerz

Tief innen tut es weh.
Man fühlt sich verringert,
weniger, als man gewesen ist.
Leer,
beraubt –
verloren und unvollständig.
Schmerz ist ein Wort, das weh tut.
Aber wenn es jemanden gibt,
der dieses Gefühl teilt,
dann wird es erträglich
und paßt in den Plan der Dinge;
eine Zeit der Existenz,
die starkes Empfinden umfaßt
und so eine Zeit der Nähe,
reifen und jemand werden,
der mehr ist,
als wir es zuvor waren.[1]

Wenn Sie in diese Worte hineinhören, dann werden Sie eine Bewegung entdecken. Zunächst noch das Vertraute. Bilder, die Sie nur allzu gut kennen. Der Schmerz, der Peiniger, der wegnimmt und aushöhlt und quält, und der sich nicht abschütteln läßt. Dann jedoch beginnt es sich zu öffnen.

Wenn es jemanden gibt, der dieses Gefühl teilt. Das ist das Entscheidende. Das bringt die Wende. Dann wird alles erträglich, ja mehr noch, es fügt sich zu einer sinnvollen Gestalt. Wichtig ist, daß Sie mit Ihrem Schmerz nicht einsam bleiben. Es gibt Menschen, die zuhören, die mitfühlen, die mitgehen. Vielleicht kann etwas davon auch auf diesen Seiten geschehen. Sie werden Ihre Trauer besser verstehen lernen, verstehen, woher sie kommt, wohin sie geht, wozu sie da ist. Vielleicht wird es Ihnen so möglich – das ist meine Hoffnung –, freundlich zu sich selbst zu sein, anzunehmen, was da ist und auf eine aufmerksame und liebevolle Weise mit sich selbst ins Gespräch zu kommen.

Reifen und jemand werden, der mehr ist. Mag sein, daß dies im Augenblick für Sie noch sehr weit weg ist. Unerreichbar. Eine so schmerzliche Zeit soll sinnvoll sein? Soll mich weiterbringen? Soll mich sogar reicher machen? Das klingt unwirklich. Und doch – auch wenn Sie jetzt keinen Zugang für sich sehen –, ist es gut zu wissen, daß es diesen Weg gibt. Manchmal wird er breit und ansprechend vor Ihnen liegen. Dann wird er einem verschlungenen Pfad gleichen, dunkel und unübersichtlich. Manchmal wird es eine ebene Bahn sein und manchmal ein steiles Gelände. Er wird zu Oasen führen, frisch und erquickend, und dann wieder durch dürres, trockenes Land. Er wird Ihnen manches abverlangen und Sie manchmal sehr fordern und wird dennoch immer sinnvoll und voller Verheißung sein.

Ich erinnere mich, wie ich mit einer Frau über den Friedhof ging. Ihr Kind war bei uns im Krankenhaus gestorben, und ich wollte diesen unendlich schweren Weg zu seinem Grab noch einmal mit ihr gehen. In diesen wenigen Minuten, auf diesen wenigen hundert Metern, habe ich mehr Zärtlichkeit, mehr Mitgefühl, mehr Anteilnahme erlebt, als sonst in langen Wochen. Ich sah Menschen, die miteinander redeten, die sich umarmten, die miteinander weinten, die einander hielten. Für mich war es ergreifend, wie wir uns in unserer Trauer auch öffnen können, öffnen für die Zuwendung, für die Wärme, für die Berührung und die Nähe anderer Menschen.
Und der Schmerz? Ja, er wird mit Ihnen gehen. Für eine gewisse Zeit gehören Sie zusammen. Sie werden seine Gegenwart spüren, anfangs noch sehr stark, aber zunehmend schwächer. Eines Tages wird er dann gegangen sein. Vielleicht gelingt es Ihnen, in ihm nicht nur den Feind zu se-

hen, der Sie vernichten will, nicht nur den Gegner, den es zu vertreiben gilt. Vielleicht gelingt es Ihnen, in ihm den Gefährten zu erkennen, der eine Zeitlang mit Ihnen ziehen wird. Er wird Sie immer wieder mit sich selbst in Berührung bringen und mit dem, was Sie verloren haben. Vielleicht gelingt es Ihnen sogar, ihn als Weggefährten anzunehmen, ihn als solchen gleichsam anzureden: Du, ich mag Dich nicht, und manchmal tust Du mir entsetzlich weh. Und dennoch: ich will Dich annehmen. Du erinnerst mich daran, was ich verloren habe und ermutigst mich, darum zu trauern.

Sie werden erleben, wie Ihr Schmerz Ihnen antworten wird. Er wird mit Ihnen gehen, aber seine Sprache wird sich wandeln. Sie wird nicht mehr so scharf sein, so ätzend wie zuvor. Wohl aber wird sie vernehmlich bleiben und unbestechlich: Ich führe Dich zu dem, was Du jetzt brauchst. Ich führe Dich zu Deiner Trauer.

2. Verlusterfahrungen – Trauererfahrungen

Wieso trauern Menschen eigentlich? Alle Untersuchungen, die sich mit dieser Frage beschäftigen, kommen früher oder später auf einen kleinen Aufsatz zu sprechen, den Sigmund Freud bereits im Jahre 1917 unter dem Titel »*Trauer und Melancholie*« veröffentlichte. Diese Arbeit hat nichts von ihrer Gültigkeit verloren und vermag uns auch heute noch ein Verständnis dafür zu erschließen, was Trauern bedeutet. Freud schreibt: »Trauer ist regelmäßig die Reaktion auf den Verlust einer geliebten Person oder einer an ihre Stelle gerückten Abstraktion wie Vaterland, Freiheit, ein Ideal usw.«[2]

Verweilen wir noch ein wenig bei diesem Wort, denn es enthält einige grundlegende Einsichten. Trauer, so hören wir, ist die Reaktion auf einen Verlust, den Menschen erlitten haben. Diese Reaktion tritt regelmäßig ein, d. h. sie ist etwas völlig Normales und Natürliches. Darin unterscheidet sie sich eben von der Melancholie, oder, wie wir heute sagen, von depressiven Zuständen. Die Trauer ist nicht eine Krankheit, nein, sie ist eine angemessene, ja gesunde seelische Antwort auf einen erlittenen Verlust.

Dabei bringen wir das Wort Trauer meist mit dem Tod eines geliebten Menschen in Verbindung, und auch hier soll diese Trauersituation im Vordergrund stehen. Wir sollten uns dabei nur bewußt bleiben, daß damit nur *eine* Trauersituation benannt ist, eine unter vielen. Freud zählt noch einige andere Verlusterfahrungen auf und weist damit auf weitere Trauersituationen hin. Es gibt so vieles, das ich verlieren kann. Versuchen wir uns an einigen Stellen selbst einzufühlen:

Ein Mann wird arbeitslos. Es sind nicht allein die finanziellen Folgen, die ihn bedrücken. Schlimm ist die Leere, die auf einmal entsteht. Die Tage sind nicht mehr ausgefüllt. Der vertraute Rhythmus fehlt. Der Betrieb, die Kollegen, die täglichen Reibereien, die Gespräche in den Arbeitspausen, die Auseinandersetzung mit dem Werkstoff, das alles fehlt auf einmal. Das Selbstbewußtsein schwindet, geht bald ganz verloren, und breit macht sich das Gefühl, versagt zu haben, nichts mehr wert zu sein, nichts mehr zu taugen.

Eine Familie zieht um. Die Eltern versuchen ihre Kinder mit dem Gedanken an die größere Wohnung, an den bequemeren Schulweg und an den Spielplatz vor der Haustür aufzuheitern. Aber die beiden Buben bleiben untröstlich. Was soll mit den Freunden geschehen? Mit dem Versteck hinter den Bäumen, in dem es sich so herrlich spielen ließ? Was mit dem Hund des Nachbarn, den sie manchmal ausführen durften? Was mit dem Spielzeuggeschäft an der Ecke, an dessen Schaufenster sie sich so oft die Nasen plattdrückten?

Ein junger Mensch geht durch das Gelände eines ehemaligen Konzentrationslagers. Gewiß, im Geschichtsunterricht war die Rede von dieser dunklen Zeit. Jetzt aber steht alles vor ihm, Baracken, Öfen, Berge von Schuhen, das Brausebad mit den Öffnungen für das Gas. Die Erschütterung geht tief. Bisher, da gab es in ihm so etwas wie den Glauben an das Gute im Menschen. Aber jetzt? Er ahnt, daß er Worte wie Volk, Ehre, Pflichterfüllung, Gehorsam, Anstand wohl nie mehr so unbefangen aussprechen wird wie bisher.

Kinder verlassen das Elternhaus. Die ältere Tochter studiert, der Sohn geht für ein Jahr ins Ausland, die zweite Tochter gründet eine eigene Familie. Die Eltern hatten manchmal davon geträumt, daß es ruhiger werden sollte, daß die Arbeitslast abnehmen würde, daß sie wieder mehr Zeit füreinander haben könnten. Aber jetzt? Eine Wohnung, die zu groß geworden ist. Tage ohne Inhalt. Warten, aber auf wen und worauf? Bisher, da gab es Leben, Lärmen, Lachen. Jetzt ist es still geworden.

So unterschiedlich diese Situationen sind, eines haben sie gemeinsam. Menschen verlieren etwas, was ihnen lieb und teuer war und empfinden Trauer. Der Verlust hinterläßt eine schmerzliche Lücke.

Manche Trauersituationen haben sich unter einem anderen Namen eingeprägt, so daß wir das Moment der Trauer oft gar nicht mehr erkennen und würdigen können. Ein paar Beispiele: Menschen verlieren ihre Heimat, das tut weh. Wir sprechen von *Heimweh.* Eine Liebesbeziehung geht auseinander, das schmerzt. Wir nennen diesen Schmerz *Liebeskummer.* Menschen verlieren einen Körperteil, einen Arm, eine Hand, ein Bein. Wir sagen dazu *Amputation* und manchmal vergessen wir, daß die Ärzte dabei mehr entfernen als nur ein Organ. Ehepaare werden sich fremd und entschließen sich zur *Scheidung.* Bei aller Erleichterung über einen neuen Anfang bleibt doch die Tatsache, daß die beiden viel miteinander erlebt haben, wovon es Abschied zu nehmen gilt.

Was auch immer wir verlieren, es ist wichtig, daß wir genügend Zeit und Raum und Ermutigung für unsere Trauer bekommen. Es ist wichtig, daß unsere Seele auf den Verlust antworten darf.

3. Trauer und Trauerarbeit

Was geschieht mit mir, wenn ich trauere? Meine Gedanken kreisen um den Verlust. Alles andere ist mir gleichgültig. Was draußen vor sich geht, kümmert mich kaum. Was anderen wichtig erscheint, erreicht mich nicht. Was es zu tun gibt, verrichte ich mechanisch. Die Stunden sind grau und schwer. Ich bin voller Gram, spüre eine große Unruhe, fühle mich erschöpft.

Wie ist all dies zu erklären? An dieser Stelle ist ein zweiter Hinweis Sigmund Freuds hilfreich. Er beschreibt die Trauer als eine seelische Arbeit und nennt sie *Trauerarbeit*. Sie besteht darin, alle Bindungen von dem Verlorenen zu lösen und alle Lebenskraft, die mich mit ihm verknüpft hat, zurückzunehmen. Eine Skizze mag dies veranschaulichen:

Zwei Menschen leben zusammen. Eine Fülle von Bindungen entsteht. Sie sind sich Freund, Gesprächspartner, Weggefährte, Liebhaber. Sie geben einander wirtschaftliche Sicherheit, sie trösten sich in Stunden der Niedergeschlagenheit, sie machen sich gegenseitig Mut in Zeiten der Krise. Sie lieben sich und hassen sich. Sie streiten zusammen und versöhnen sich wieder. Sie bauen gemeinsam an Träumen und gemeinsam durchleiden sie Enttäuschungen. Es ist unendlich viel zwischen den beiden gewachsen. Eine bunte Vielfalt gemeinsamen Erlebens.

Nun geht einer der beiden. Er ist nicht mehr da. Aber was ist mit den Bindungen, die entstanden sind? Sie sind nicht gegangen. Sie sind noch da und laufen jetzt ins Leere:

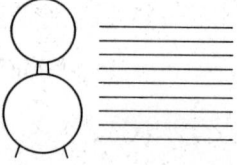

Hier wird das Gefühl des Verlustes, der Amputation, des Alleingelassenwerdens, des Ausgeliefertseins, des Abgeschnittenseins deutlich. Etwas, was bisher zu meinem Leben gehörte, ja, ein Teil von mir selbst war, ist nicht mehr da. Trauerarbeit besteht darin, die Bindungen, die jetzt ziellos im Raum stehen, wieder zurückzunehmen.

Etwas davon wird in den folgenden Zeilen deutlich. Der englische Schriftsteller C. S. Lewis erzählt von seiner Trauer um seine Frau:

»Ich glaube, ich fange an zu begreifen, warum das Gefühl der Trauer so sehr dem der Spannung gleicht. Es kommt daher, daß so viele zur Gewohnheit gewordene Impulse vereitelt werden. So viele Gedanken, Gefühle und Handlungen hatten H. zum Gegenstand. Jetzt sind sie ihres Zieles beraubt. Gewohnheitsmäßig setze ich den Pfeil auf die Sehne; dann erinnere ich mich und muß den Bogen niederlegen. So viele Straßen führen die Gedanken zu H. Ich betrete eine. Doch jetzt sperrt sie unausweichlich ein Schlagbaum. Was früher Wege waren, sind jetzt ebenso viele Sackgassen.«[3]

Dieser Abschnitt läßt auch etwas davon erkennen, wie anstrengend, wie mühevoll, wie schmerzlich Trauerarbeit sein kann, und wieviel Zeit sie braucht.

4. Mut zur Trauer

Kein Wunder, daß es in uns eine Seite gibt, die dieser Trauerarbeit ausweichen möchte. Ich versuche einmal dieser Seite eine Stimme zu verleihen: Denke nicht an das, was Du verloren hast! Versuche auf andere Gedanken zu kommen! Warum quälst Du Dich mit solchen Erinnerungen? Sprich nicht darüber!

Und tatsächlich, oft genug kehrt Schweigen ein. Bei der Umfrage einer amerikanischen Zeitschrift schrieb eine fünfundzwanzigjährige Frau folgenden Leserbrief:

»Ich war zwölf Jahre alt, als meine Mutter an Leukämie starb. Sie war noch da, als ich abends ins Bett ging. Am nächsten Morgen waren beide Eltern weg. Dann kam mein Vater allein nach Hause, nahm uns, meinen Bruder und mich, auf die Knie und brach in Tränen aus. Er sagte: ›Jesus hat eure Mutter zu sich genommen.‹ Später haben wir nie mehr darüber gesprochen. Es hätte uns zuviel Kummer gemacht.«[4]

Ein abruptes Ende. Etwas Gewaltsames liegt über diesem Schluß. Schlimm genug, wenn Kinder einen Elternteil verlieren. Noch schlimmer aber, wenn ihre Trauer zugedeckt, abgebrochen, unterdrückt wird. Wenn die Seele nicht antworten darf.

Nein, diese Stimme will mich verleiten, den Schmerz zu unterdrücken; wenn ich ihr folge, verschafft sie mir nur scheinbar eine Erleichterung, und die Entlastung wäre von kurzer Dauer. Trauerarbeit muß sein! Wo sie vermieden, aufgehalten oder behindert wird, kann meine Wunde nicht heilen. Die Beziehung, die ihren Partner verloren hat, würde im Raum stehen bleiben und mich so binden. Ich würde an der Stelle des Verlustes festgehalten und bliebe unausgesöhnt und ohne Frieden. Ich könnte nicht wachsen, mich nicht weiterentwickeln.

Die Trauerarbeit hat einen Anfang und ein Ende. Meine Traurigkeit fände aber kein Ende. Sie würde wie ein Schatten mit mir gehen, Ausdruck meines nichtgelebten Lebens. Wenn ich mich der Trauer stelle, dann werde ich eines Tages wieder fröhlich sein. Wenn ich ihr aus dem Weg gehe, werde ich immer traurig bleiben.

Wenn ein Mensch trauert, dann trauert der *ganze* Mensch. Auch unser Körper nimmt an der Trauer teil und drückt dies in seiner Sprache aus. Wir nennen es dann Erschöpfung, Schlaflosigkeit, Benommenheit, Verdauungsschwierigkeiten, Appetitlosigkeit usw. Sicher ist es nicht leicht zu entscheiden, wo wir das Mitempfinden, das Mittrauern unseres Körpers lindern wollen, etwa mit Beruhigungsmitteln, und wo wir ihm einfach ein Stück Raum gönnen. Im allgemeinen läßt sich sagen, daß der Mensch in seiner Trauer *nicht* einer umfassenderen medikamentösen Hilfe bedarf. Wenn er Vertrauen zu seinen Gefühlen hat, mit ihnen umgehen kann und dabei Anteilnahme und Aufmerksamkeit von seiten der Angehörigen, der Freunde, der Nachbarn erfährt, wird er seine Trauerarbeit auf eine gute Weise bewältigen können.

Lily Pincus, eine Trauerforscherin der Gegenwart, sagt: »Der Mensch braucht aber die Trauer als Antwort auf den erlittenen Verlust; wenn man ihm diese Reaktion versagt, wird er leiden müssen, psychologisch, physisch oder beides.«[5] Der Mensch *braucht* die Trauer! Ich sehe in diesem Wort nicht nur eine Mahnung, sondern auch eine Ermutigung. Du darfst beanspruchen, Du darfst nehmen, Du darfst Dir gönnen, was Du brauchst. Du hast ein Recht auf diese Zeit.

Zur Besinnung

*Während meiner Seelsorgeausbildung in Amerika hörte
ich immer wieder die Geschichte von dem Indianer. Er sei
am Straßenrand gesessen, so wird erzählt, und habe versucht, per Anhalter weiterzukommen. Tatsächlich, ein
Auto hielt, und der Fahrer, ein Weißer, lud ihn ein, Platz
zu nehmen. Nach hundert Meilen habe der Indianer jedoch wieder gebeten, aussteigen zu dürfen. Der Fahrer
blickte sich um: »Was, hier? Hier ist doch nichts. Kein
Haus, keine Stadt, keine Abzweigung. Nichts. Was soll
das?« Aber der Indianer habe darauf bestanden, und beim
Aussteigen habe er gesagt: »Ich muß mich jetzt hinsetzen
und warten, bis meine Seele nachgekommen ist.«*

*Mit dieser Geschichte möchte ich Sie jetzt bitten innezu-
halten und Ihre Seele nachkommen zu lassen. Wie geht es
Ihnen mit dem, was Sie bisher gelesen haben? Was hat Sie
angesprochen? Wo möchten Sie etwas aus Ihrer Erfahrung
ergänzen? Wo korrigieren?*

*Gehen Sie bitte in Ihr Gefühl hinein. Versuchen Sie wahr-
zunehmen, was in Ihnen ist, lassen Sie zu, was kommen
will und spüren Sie dem ein wenig nach.*

*Was Sie jetzt mit sich selbst erleben ist kostbar. Auch Ihre
Traurigkeit, auch Ihre Tränen sind kostbar. Sie zeigen, daß
Sie fühlen können, daß Sie lebendig sind.*

*Bitte gönnen Sie sich diese Zeit. Schließen Sie Ihre Augen,
wenn es für Sie hilfreich ist, und gehen Sie ganz in die
Situation, die sich Ihnen anbietet, hinein. Versuchen Sie,
darin so viel wie möglich wahrzunehmen und zu entdek-
ken.*

*Vielleicht kennen Sie jemanden, mit dem Sie sich austau-
schen können, dem Sie erzählen können, was Sie bewegt.
Sie können es sich aber auch selbst erzählen – ja, das geht
gut – und dabei liebevoll zuhören.*

II Vom Weg, den die Trauer geht

Das Wort Trauer bezeichnet nicht nur einen momentanen Zustand im Erleben eines Menschen, es weist auch auf einen Weg hin, besser gesagt auf eine Wegstrecke. Diese Wegstrecke hat einen Anfang und ein Ende. Wenn wir genauer hinsehen, können wir auch verschiedene Etappen erkennen. Sie werden geprägt durch bestimmte Erfahrungen, die eine Zeitlang vorherrschen und dann in den Hintergrund treten. In den letzten Jahren hat sich die Forschung immer wieder bemüht, die Etappen dieses Weges, die *Trauerphasen*, nachzuzeichnen und zu beschreiben. Dabei stieß man freilich auch auf Grenzen. Unsere Gefühle und Ausdrucksweisen entziehen sich ganz einfach dem Versuch einer allgemein gültigen Ordnung und Gliederung.

So stelle ich die einzelnen Trauerphasen nur mit einigem Zögern dar und mit der Bitte, Sie möchten sie nicht als eine mechanische Abfolge verstehen. So, als seien sie bei jedem Menschen gleich, von gleicher Dauer, von gleicher Intensität, von gleicher Gestalt. Da gibt es Auslassungen, Sprünge, Wiederholungen, Übergänge und Brüche. C. S. Lewis beschreibt es so:

»Trauer gleicht einem langen Tal, einem gewundenen Tal, wo jede Biegung eine vollkommen neuartige Landschaft enthüllen mag. Wie schon bemerkt, tut es nicht jede Biegung. Manchmal besteht die Überraschung aus dem Gegenteil; man steht vor genau der gleichen Landschaft, die man kilometerweit hinter sich glaubte. Dann fragt man sich, ob das Tal nicht ein Graben sei, der im Kreis führt. Das ist es aber nicht. Einzelne Abschnitte kehren zwar wieder; ihre Abfolge aber wiederholt sich nicht.«[6]

Jeder Mensch geht in der Trauer einen eigenen Weg, eben *seinen* Weg. Vielleicht helfen Ihnen die folgenden Seiten, Ihren ganz persönlichen Weg besser wahrzunehmen und bewußter zu erleben.

1. Überwältigt: Die Phase des Schocks

Nein, nein, das kann doch nicht wahr sein! Das darf nicht sein! Das kann nicht stimmen! Die Nachricht vom Tod eines lieben Menschen trifft mich wie ein Schock. Dieser Schock wird besonders schwer sein, wenn der Tod plötzlich, unerwartet eingetreten ist.

Ich kann es einfach nicht fassen! Ich kann es nicht begreifen! Es ist so völlig unwirklich. Es ist überwältigend. Es ist wie ein Keulenschlag, der mich niederwirft und betäubt. Alles, was ich spüre, ist die Wucht dieses Schlages.

Der Schock der Todesnachricht kann sich in einem physischen Zusammenbruch äußern oder in einem Gefühlsausbruch, auch in einer völligen Lähmung und Erstarrung. Dann ist alles weit weg, undeutlich, schemenhaft.

Was geschehen ist, übersteigt meine Erlebnisfähigkeit bei weitem. Ich kann es einfach nicht aufnehmen oder in mich hineinnehmen. So ist es auch nicht ein *Ich*, das da spricht oder reagiert, nein, *Es* handelt in mir und aus mir heraus.

»Bis zu dieser Nacht hatte ich all meine Schmerzen verstanden: selbst wenn sie mich übermannten, erkannte ich mich in ihnen wieder. Diesmal entzog sich die Verzweiflung meiner Kontrolle: jemand anders weinte in mir.«[7]

Ich höre mich stammeln und nach Worten suchen. Ich höre mich klagen oder auch anklagen, höre mich schreien. Tränen brechen hervor. Dazwischen wieder Satzfetzen, dann zusammengepreßtes Schweigen. Vielleicht werfe ich mich über den Toten, schüttele ihn, rede intensiv auf ihn ein. So, als könnte ich ihn wachrütteln: Gleich schlägt er die Augen auf, und ihr werdet sehen, daß alles ein Irrtum war, ein Versehen! Dann wieder Klagen, Weinen, vielleicht Gebetsworte, herausgestoßenes Leid.

Meine Welt bricht zusammen, und ich spüre diesen Zusammenbruch, spüre den Stoß, das Zermalmende, die Bedrohung, und wie ein Aufschrei bricht es aus mir heraus: Nein!

Ob mir mein Glaube in diesem Augenblick helfen kann? Liliane Guidice hat es so erlebt:

»Jetzt war der Schmerz eingebrochen, und jetzt war Gott da. Es war, als ob er mich in Fetzen reißen würde. Es war der Gott, der mich entsetzte. Mein Gott, mein Gott – ich hing nur an diesem Wort. Wenn ich es losließ und nicht mehr vor mich hinsagte, fiel ich in einen Abgrund. Eine Welt, in der man das Liebste nicht festhalten kann, ist eine Welt, in der man ertrinkt, wenn es Gott nicht gibt. ›Ich fürchte mich vor Dir, daß mir die Haut schaudert, und ich entsetze mich vor Deinen Gerichten.‹ Dieselbe Angst schüttelte mich wie vor Tausenden von Jahren den Psalmisten. Ich konnte nicht beten, ich konnte nur verstandlos wimmern: Mein Gott, mein Gott. Das Wort hielt mich.«[8]

2. Sich beherrschen: Die kontrollierte Phase

Die Zeit des Schocks dauert nur wenige Stunden. Vielleicht einen Tag. Die folgende Zeit steht ganz im Zeichen der bevorstehenden Beerdigung. Sie verlangt dem Trauernden ungeheuer viel ab. Auf der einen Seite rückt die Wirklichkeit des Todes ganz nahe: Anzeigen müssen entworfen werden. Ein Bestattungsunternehmen soll verständigt werden. Ein Sarg will ausgewählt sein. Die Gestaltung der Trauerfeier ist anzusprechen. Das alles tut sehr, sehr weh. Auf der anderen Seite ist es dem Trauernden ganz unmöglich, sich seinem Schmerz zu stellen. Die Tage vor der Beerdigung sind von hektischer Aktivität angefüllt. Dokumente müssen herausgesucht werden, dann Telefonate, der Gang zu den Behörden, Gespräche mit allen möglichen Stellen, dazwischen der Besuch von Nachbarn und Freunden. Schnell in ein Geschäft, um Trauerkleidung zu kaufen. Dann die Anreise von Familienangehörigen, das alles erfordert die äußerste Anspannung aller Kräfte.

Es ist eine zweifache Kontrolle. Ich kann in diesen Tagen nur überleben, indem ich mich sehr beherrsche und meine Gefühle – soweit es nur irgendwie geht – unter Kontrolle halte. Dann aber üben auch die vielen Anforderungen, die auf mich zukommen und ganz einfach erfüllt werden müssen, eine starke Kontrolle aus. Kein Wunder, daß viele Trauernde an dieser Stelle von einem Gefühl der Unwirklichkeit, der Ferne, des großen Abstands sprechen. Sie sind zutiefst Betroffene und erleben sich doch gleichzeitig wie Beobachter, die einem Schauspiel beiwohnen, wie Zuschauer vor einer Bühne.

In diesen strapaziösen Stunden mag es ein paar Inseln der Ruhe und der Besinnung geben. Der Besuch des Pfarrers könnte zu einer solchen Insel werden.

Ich führe ihn durch die Wohnung. Vieles liegt noch unberührt da. Ich zeige ihm Bilder, Photos. So war es. So haben wir gelebt. Das ist, nein, das war unsere Welt. Ich erzähle, was geschehen ist. Vielleicht gelingt es ihm, mir das Gefühl zu vermitteln: Jetzt mußt Du Dich nicht zusammennehmen. Du darfst loslassen. Du darfst Deinen Schmerz zulassen. Du darfst Deine Tränen zeigen. Du darfst haltlos weinen. Er ist da, er fühlt mit. Er nimmt mich an, so wie ich bin.

Wir besprechen den Trauergottesdienst. Seine Hinweise und Erläuterungen werden mich nur wie aus weiter Ferne erreichen. Gut tut mir die Versicherung, daß ich auf nichts achten muß. Daß ich nicht aufpassen muß, daß ich nichts falsch machen kann. Ich darf einfach da sein, mit meinem Kummer, mit meinem Schmerz, mit meinem Leid.

Ich werde gefragt, ob ich mir ein bestimmtes Bibelwort für die Ansprache wünsche. In manchen Familien gibt es solche Worte, die Generationen begleiten. Als Taufspruch für die Neugeborenen, als Konfirmationsspruch für die Jugendlichen, als Trauspruch für die Ehepaare und als Wort am Grab für die Trauernden. Sie werden weitergegeben von Geschlecht zu Geschlecht. Etwas vom Kommen und Gehen spiegelt sich darin wider, von Geburt und Tod, vom Leben und Sterben, vom Auf und Ab, aber auch etwas von dem Behütetsein, das über all diesem Wechsel liegt.

Ein Psalmvers könnte so ein Wort sein. »Er hat seinen Engeln befohlen, daß sie dich behüten auf allen deinen Wegen« (Psalm 91, 11). Später einmal werde ich mich an dieses Wort erinnern, werde darüber nachsinnen. Welche Wege bin ich gegangen? Woher komme ich, und wohin führt meine Bahn? Wie habe ich Begleitung erfahren? Wer waren die Engel an meinem Weg? Was sagt mir dieses Wort jetzt?

Gegen Schluß seines Besuches spricht der Pfarrer vielleicht ein Gebet. Ob ich dabei mitbeten kann? Mag sein, daß auch hier die Worte noch zu hoch sind, daß mich allein das Gefühl erreicht, für einen Moment, für einen Moment wenigstens, darf meine wunde Seele ausruhen in Gottes Barmherzigkeit.

Die Beerdigung kommt. Viele Trauernde fürchten sich vor dieser Stunde. Die Menschen um mich herum, die Augenpaare, die sich auf mich richten, die Zeremonie, die mir unheimlich ist, die Hände, die sich mir entgegenstrecken, die Worte des Beileids, die mich aufwühlen werden, muß das denn alles sein? Habe ich nicht schon genug gelitten? Wie soll ich das alles überstehen? Ich bin doch am Ende meiner Kräfte.

Ja, die Beerdigung ist eine sehr schmerzliche Erfahrung. Nehmen wir dieses Gefühl ernst, und versuchen wir, es zu verstehen. Was schmerzt so sehr? Was tut so weh?

Ganz gewiß tut es weh, den verschlossenen Sarg zu sehen. Er weist auf etwas Abgeschlossenes hin. Etwas, was nicht mehr zu leugnen ist. So greifbar wie dieses Holz ist, das den Toten umschließt, seine Länge, seine Breite, seine Höhe, so greifbar ist die Wirklichkeit des Todes.

Es tut weh zu sehen, wie dieser Sarg in die Grube gesenkt wird. Noch einmal der Name, der oft genug mein eigener Name ist und im gleichen Atemzug die Worte »Erde zu Erde, Asche zu Asche, Staub zum Staube«. Die Erde schlägt auf das Holz auf, hart, unüberhörbar.

Menschen kommen auf mich zu, drücken meine Hand, suchen nach Worten des Beileids. Für mich, der ich übriggeblieben bin! Jetzt *bin* ich verwitwet, jetzt *bin* ich verwaist, jetzt *bin* ich allein. Es ist die Erinnerung des Endlichen, die so weh tut. Vor ihr fürchte ich mich. Ihr möchte ich ausweichen.

Die Erinnerung an die Unausweichlichkeit des Todes trifft mich allerdings nicht einsam und verlassen, so daß ich ihrer Wucht schutzlos ausgeliefert wäre. Sie ist eingebettet in ein Geschehen, das mich gleichzeitig stützen und halten, wärmen und mir Kraft geben möchte. Darum mag es hilfreich sein, auch diese Seite zu sehen und zu bedenken.

Ich bin umgeben von Menschen, die mir nahe sein wollen. Sie bringen mir ihre Anteilnahme und ihr Mitgefühl entgegen. Auch in dem Leben, das jetzt auf mich zukommt und in dem ich mich neu zurechtfinden muß, werde ich nicht allein sein. Die Trauergemeinde ist *auch* ein Zeichen dafür, daß wir Menschen angesichts der Wirklichkeit des Todes nur miteinander, füreinander und voneinander leben können.

Die Gebete und die Biblischen Lesungen nehmen meine Gefühle, meine Erfahrungen, meine Fragen auf und lassen sie zu und sprechen sie aus. So bin ich in meiner Trauer ganz ernst genommen. Zur gleichen Zeit wird mein Erleben in einen umfassenderen Zusammenhang gestellt. Was mich bewegt und erschüttert ist gehalten von Worten des Glaubens, des Hoffens und des Liebens.

Da ist etwa das Evangelium, das in der Trauerhalle gelesen

27

wird. Sie finden es bei Johannes, im 11. Kapitel. Martha
trauert um ihren toten Bruder Lazarus. Bitte achten Sie bei
dieser Erzählung, die ein Stück Theologiegeschichte wider-
spiegelt, vor allem auf das Gespräch zwischen Martha und
Jesus:

Jesus kam nach Bethanien und fand Lazarus schon vier Tage im Grabe
liegen. Als Martha nun hörte, daß Jesus kommt, ging sie ihm entgegen;
Maria aber blieb daheim sitzen. Da sprach Martha zu Jesus: Herr, wärest Du hier gewesen, mein Bruder wäre nicht gestorben. Aber auch
jetzt noch weiß ich, daß, was Du bittest von Gott, das wird Dir Gott
geben. Jesus spricht zu ihr: Dein Bruder wird auferstehen. Martha
spricht zu ihm: Ich weiß wohl, daß er auferstehen wird in der Auferstehung am Jüngsten Tage. Jesus spricht zu ihr: Ich bin die Auferstehung und das Leben. Wer an mich glaubt, der wird leben, ob er gleich
stürbe; und wer da lebet und glaubet an mich, der wird nimmermehr
sterben. Glaubst Du das? Sie spricht zu ihm: Herr, ja; ich glaube, daß
Du bist der Christus, der Sohn Gottes, der in die Welt gekommen
ist.

Wie nahe mir Martha in ihrer Trauer kommt. *Herr, wärest
Du hier gewesen!* Dieses »Wäre doch« und »Hätte doch«
und »Könnte doch« kenne ich auch. In den kommenden
Wochen werden solche Gedanken noch zunehmen. Sie
werden in alle Richtungen gehen, gegen die Ärzte, gegen
die Familie, gegen Gott, gegen mich selbst. Das Ziel ist
immer das gleiche: *Mein Bruder wäre nicht gestorben.* Der
Tod wäre nicht eingetreten. Wichtig ist nun, daß Jesus Martha nicht zurückweist, auch nicht das Vorwurfsvolle hinter
ihren Worten, den Unmut, den Ärger. Er nimmt es einfach
an, ohne es zu loben oder zu tadeln, ohne es zu zensieren. Er
läßt es stehen, so wie es gesagt ist. Auch das andere, das
Aber auch jetzt noch weiß ich, die Suche nach dem Ver-
mißten, die Sehnsucht nach dem Wunder, das Verpflich-
tende hinter diesem Wort, der sanfte Druck, auch das wird
nicht zurückgewiesen oder kritisiert. Es darf ausgesprochen werden. Jesus stellt den Kummer dieser Frau in einen
größeren Zusammenhang: *Dein Bruder wird auferstehen.*
Diese Antwort hat freilich etwas Offenes. Martha ist aber
damit nicht zufrieden. Ihr »*Ich weiß wohl . . .*« klingt wie
ein Protest. Du verstehst mich nicht. Der Jüngste Tag, das
ist weit weg, das ist Zukunft, dort und dann. Ich bin aber
hier, hier tut es weh, hier und jetzt. Nun geht Jesus in seiner Antwort ganz auf diese Ebene ein, hier und jetzt: *Ich*

bin die Auferstehung und das Leben und diese Antwort wird zur Anrede, ja, zum Anruf an Martha, an die Trauernde: *Glaubst Du das?* Der Wunsch nach einer wunderbaren Aufhebung des Todes tritt jetzt ganz in den Hintergrund. Um meine Trauer geht es! Kann ich glauben, daß es unzerstörbares Leben gibt? Leben, durch den Tod hindurch? Leben, das immer wieder auferstehen darf? Marthas Antwort zeigt, daß sie sich angenommen, verstanden fühlt. Sie ist ein Bekenntnis zu dem Mann, in dem sie den Geber des neuen Lebens erkennt.

So ist die ganze Trauerfeier voller Zeichen, Zeichen, die beides beinhalten, Schmerzliches und Heilendes, Verlassenheit und Gehaltensein, Ende und Anfang. Der Leib wird in die Erde gelegt. Er wird langsam, Stück um Stück, verfallen und verwesen. So, wie er einst im Mutterleib, langsam, nach und nach, gewachsen und entstanden ist. So, wie sein Anfang einst behütet und geschützt war, so ist auch sein Ende aufgehoben und bewahrt. Bei der Feuerbestattung steht das Symbol der Reinigung, der Läuterung, des erneuerten Lebens im Vordergrund. Die Liturgie faßt alle diese Zeichen unter dem Zuspruch zusammen: Der Herr behüte unseren Ausgang und Eingang von nun an bis in Ewigkeit.

Mancherorts fügt der Pfarrer etwa folgenden Abschnitt in die Trauerfeier ein:

»Da wir nun Abschied nehmen von dem (der) Verstorbenen, Herrn (Frau) . . ., treten wir vor Gott und bekennen: Haben wir ihn (sie) geliebt in diesem Leben, so wollen wir ihm (ihr) diese Liebe auch weiterhin bewahren. Hat er (sie) uns geliebt und etwas sein dürfen in diesem Leben, so wollen wir Gott dafür von Herzen danken. Haben wir etwas versäumt an diesem Leben, so bitten wir den Herrn jetzt um Vergebung. Hat er (sie) uns einmal wehgetan, so sei ihm (ihr) von Herzen vergeben. So nehmen wir jetzt in Frieden Abschied voneinander.
Gott, der Herr, lasse ihn (sie) ruhen in Frieden. Wir aber bitten als Gemeinde Gott, den Herrn, daß er ihm (ihr) gnädig sei um Christi willen und daß er ihm (ihr) Barmherzigkeit gebe an seinem Tage.«

In diesen Worten wird auch etwas vom Ziel der Trauer deutlich. Es ist ein langsames Loslassen und Sichlösen. Ich muß nicht mehr festhalten. Ich darf freigeben. Nicht in Angst, sondern im Vertrauen, nicht in Bitterkeit, sondern versöhnt. Weil der Tote bei Gott ist – *Hier ruht in Gott* heißt es so schön auf manchen Grabsteinen –, darf ich ihn loslassen.

Die Beerdigung hat dabei auch eine wichtige gesellschaftliche Aufgabe. Gehört sie doch zu den *Übergangsriten,* die uns – wie eine Brücke – von einer Lebensphase in eine andere helfen wollen. Sie ermutigt uns, von dem Abschied zu nehmen, was vorüber ist und auf das zuzugehen, was vor uns liegt. Dabei dürfen wir viel von dem ausdrücken, was uns bekümmert und bewegt. Die Gefühle, die uns zu überfluten drohen, erhalten eine Bahn. Auch die Gemeinschaft, der wir angehören, ist in diesen Wechsel mit hineingenommen und gewährt uns ein gewisses Maß an Schutz und Schonung.

3. Zurückgenommenes Leben:
Die regressive Phase

Die Beerdigung ist vorübergegangen. Freunde und Verwandte reisen ab. Die Anspannung läßt nach, es wird stiller um mich herum. Ich bin allein.

»Am Tage deiner Beerdigung, als ich vom Friedhof kam, habe ich gewußt, daß ich oft dorthin zurückkehren würde. Ich hätte dieselbe sein und dich genauso lieben können, ohne ihn je wieder zu betreten. Während ich am ersten Abend die Fensterladen schloß, erblickte ich den mondlosen Himmel, unendlich, erdrückend. Ich war allein auf der Erde. Ich wünschte, die ziehenden Wolken hätten mich davongetragen. Ich zog die Vorhänge zu, so wie ein Tier sich in sein Loch verkriecht. . . . Am nächsten Tag ging ich, um dich wiederzutreffen. Ein unsinniges Treffen, ein Monolog mehr. Ich befand mich außerhalb der Wirklichkeit, ohne in sie eindringen zu können. Alles zu wiederholen, führte zu nichts. Da war dein Grab, es lag vor meinen Augen, ich berührte die Erde, und unwillkürlich bildete ich mir ein, du würdest kommen, ein wenig verspätet, wie immer, ich würde dich bald neben mir fühlen, und wir würden zusammen dieses kaum geschlossene Grab betrachten.«[9]

Eine Zeit des Übergangs beginnt jetzt für den Trauernden, eine Zeit zwischen Sterben und Leben. Oft weiß er selbst nicht genau, welche Erfahrung ihn mehr anzieht. Manchmal beginnt der Trauernde an Beschwerden zu leiden, die den Symptomen gleichen, die zum Tod des Angehörigen geführt haben. Zuweilen gibt es auch so etwas wie ein

Nach-Sterben. Der Trauernde folgt dem, der ihm im Tod voranging.

Auf dem Weg der Trauer ist diese Phase die schwierigste, die schmerzlichste, aber auch die wichtigste. Die Trauerkleidung zeigt etwas von der Besonderheit dieser Zeit an. Jetzt wird sich sehr stark mitentscheiden, ob die Wunde heilen darf, oder ob sie offen bleibt. Ob ich wieder zurückfinde zum Leben, oder ob ich in dieser Übergangszeit gefangen bleibe.

Regressiv kann diese Phase unter mehreren Gesichtspunkten genannt werden. Alles verlangsamt sich und scheint innezuhalten. Es ist ein zurückgenommenes Leben. Ja, der Trauernde braucht diese Zeit der Zurückgezogenheit, weil er alle Kraft und alle Energie für sich selbst braucht. Auch wenn er manchmal unter der Einsamkeit leidet, merkt er, daß er sich auf Gesprächspartner nur schwer einlassen kann. In Gesellschaft fühlt er sich oft nicht wohl. Alles, was mit äußeren Dingen zu tun hat, fällt ihm schwer. Entscheidungen geht er oft aus dem Weg. Vor Aufgaben schreckt er zurück. Eine geordnete Tätigkeit, die sonst sein Leben ausfüllt, macht ihm jetzt große Mühe. Seine Gefühle führen ihn oft zu Empfindungen zurück, die weit in seine Kindheit hineinreichen. Damals tat es gut, die Mutter um sich zu wissen und sich in ihrer Gegenwart geborgen zu fühlen. Der Verlust dieser Gegenwart löste große Angst aus. Panik entstand bei dem Gedanken, verlassen zu sein. Ihre Liebe verlieren zu können, das erschütterte die kleine Seele. Jetzt werden ähnliche Gefühle wach. Die Qual des Verlustes, der panische Schrecken, verlassen zu sein, die Angst, nicht mehr geliebt zu werden.

So kehrt der Trauernde zu einem Verhalten zurück, das ihm schon damals, in der Kindheit, geholfen hat, mit seiner Angst umzugehen und seinen Schmerz zu lindern. Das Weinen gehört dazu, das Klagen, das unruhige Umhergehen, das Nicht-aufstehen-wollen, alles, was schon damals Entlastung und Erleichterung brachte. Vor allem gehört das *Suchen* hierher. Als Kind wachte ich manchmal auf und merkte, daß ich allein war. Ich konnte nicht wissen, daß meine Mutter ein paar Minuten draußen aufgehalten wurde. Ich merkte nur, daß auf mein Rufen hin keine Erwiderung kam. Also rief ich lauter, aber es gab immer noch keine Antwort. Ich kletterte aus dem Bettchen, lief ins Wohnzimmer. Es war niemand da. Spätestens jetzt kam die Angst. Ich lief in die Küche. Niemand. Also ins Schlafzimmer. Niemand. Meine Angst wurde immer stärker. Mein Rufen ging in Schreien über. Ich suchte weiter. Die Kammer, die Waschküche. Niemand. Panik ergriff mich. Die Mutter fand mich haltlos weinend vor der Wohnungstür wieder. Ich hatte mich mutterseelenallein gefühlt.

Manchmal habe ich es auch im Spiel erlebt. Der Vater hatte sich beim Spazierengehen versteckt. Such' mich doch! Wo bin ich? Dann die Erleichterung, wenn er hinter einem Baum hervorspitzte. Das befreite Auflachen, wenn ich vor ihm stand. Oder aber auch die Verunsicherung, wenn mein Suchen zu lang dauerte. Das Heitere, das Spielerische war auf einmal überschattet.

Jetzt ist dieses Suchen wieder da. Ich weiß, daß es sinnlos ist und doch spüre ich diesen Drang. Ich gehe immer wieder den gemeinsamen Spazierweg ab, begebe mich an all die Orte, an denen wir uns häufig aufgehalten hatten. Ich gehe immer wieder zu dem Schrank, in dem die Kleider hängen, taste sie ab, durchsuche die Regale.

Die Malerin Käthe Kollwitz hat uns ein ergreifendes Zeugnis *ihres* Suchens hinterlassen. Ihr Sohn Peter, ihr zweites Kind, war im Oktober 1914 gefallen. Immer wieder spiegelt sich dieser Verlust in ihren Tagebuchaufzeichnungen wider. Unter dem Datum des 22. August 1916 heißt es dann:

»Eine Zeichnung gemacht: die Mutter, die ihren toten Sohn in ihre Arme gleiten läßt. Ich könnte hundert solcher Blätter machen, und doch komme ich ihm so nicht näher. Ich suche ihn. Als ob ich ihn in der Arbeit finden müßte. Und doch ist alles, was ich machen kann, so kindisch schwach und ungenügend. Ich fühle dunkel, daß ich das heben könnte, daß in der Arbeit der Peter liegt und ich ihn finden könnte. Aber zugleich das Empfinden: ich kann es nicht mehr. Ich bin zu zerstört, zerweint, geschwächt.«[10]

Die intensiven Sehnsuchtsgefühle lassen den Verstorbenen manchmal ganz nahe erscheinen. So, als sei er auf eine unsichtbare Weise gegenwärtig. Dann gibt es Augenblicke, in denen er sogar aus der Unsichtbarkeit herauszutreten scheint. An einem ruhigen Nachmittag im Garten, ich denke an nichts, meine ich auf einmal seine Stimme zu hören, die meinen Namen ruft. Oder, auf der Straße, meine ich für einen Moment sein Gesicht entdeckt zu haben. Oder in einem vorbeifahrenden Omnibus. Saß er da nicht am Fenster und hat mir zugewinkt? Diese Fehldeutungen eines akustischen oder optischen Impulses zeigen, wie heftig ich den Verstorbenen vermisse und wie sehr ich nach ihm verlange. Auch meine Träume weisen oft auf dieses Motiv des Suchen-Finden-Verlieren-Trauernmüssens hin und zeugen von der seelischen Arbeit dieser Zeit.

Dabei sind Erleben und Verhalten in diesen Wochen ganz und gar nicht durchgängig, stimmig, geradlinig, sondern viel eher sprunghaft, unberechenbar und anscheinend zusammenhanglos. Heftige Schmerzanfälle kommen und gehen. Lautes Weinen löst die Stille ab. Stunden der Apathie wechseln sich ab mit Stunden großer Unruhe und Erregbarkeit. Es gibt Tage, da sitze ich fast reglos in einer Ecke und dann wieder Tage, da wandere ich rastlos durch die Wohnung, ordne mechanisch dieses und jenes, ohne jedoch darin Entlastung oder Befriedigung zu finden. Es ist wie ein Sich-im-Kreis-drehen.

»Und noch immer empfinde ich die Trauer wie Angst. Genauer vielleicht wie ein Hangen und Bangen. Wie ein Warten: wie ein Sichherum-drücken, bis vielleicht irgend etwas geschieht. Es macht das Leben zu einem dauernden Provisorium. Es lohnt sich nicht, irgend etwas anzufangen. Ich finde keine Ruhe. Ich gähne, ich bin zappelig, ich rauche zuviel. Bisher hatte ich immer zuwenig Zeit. Jetzt gibt es nichts als Zeit. Fast reine Zeit, leeres Nacheinander.«[11]

Tagen großer Beherrschung und Disziplin folgen wieder Tage des Sich-gehen-lassens. Mich anzuziehen, mich ein wenig zurecht zu machen, das Nötigste in der Wohnung aufzuräumen, Essen zu bereiten – die Kraft reicht einfach nicht dazu.

Gefühlsschwankungen gehören zu mir. Aus nichtigen Anlässen brechen Tränen aus, machen sich Klagen und Anklagen Luft. Ich sehne mich nach Nähe und Zuwendung und bin gleichzeitig ungeheuer reizbar und verletzlich und leide selbst unter meiner Empfindlichkeit und meinem Mißtrauen. All dies ist nur zu verstehen, wenn man sich klarmacht, wie tief die Erschütterung reicht. Jeder Tag beginnt mit der Erinnerung, daß etwas zerbrochen ist, ein Teil meiner Welt, ein Teil meiner Lebenswirklichkeit.

»Ich öffne die Augen, mache Licht und kämpfe mit mir. Der Tag beginnt; eine freudlose Bahn zeichnet sich vor mir ab. Nur du sahst mich, nur ich sah dich. Heute lebe ich in einer blicklosen Welt. Mein Leben ist leer.«[12]

Alle Gedanken kreisen um diesen Verlust. Alles Denken und alles Fühlen sind ganz an den Verstorbenen gebunden. Ja, ich vermag alles nur durch ihn zu sehen. Er ist da, wenn ich erwache, er begleitet mich wie ein Schatten durch den Tag. Er ist da, wenn ich mich hinlege. In einer eigenartigen Weise gehen Vergangenheit und Gegenwart ineinander über.

»Die Vergangenheit nimmt mich ganz in Anspruch, ich lege ihr Rechenschaft über die Gegenwart ab. Doch das Leben wirkt in mir weiter. Ich weiß es, ich will es, aber deutlicher als alles andere empfinde ich das graue Einerlei der Tage und die Mühe, die es kostet, der Welt zugewandt zu bleiben, während das Herz oft beschließt, sich zurückzuziehen. Ständig bin ich einem Gefühl des Schwindels ausgeliefert. Wenn ich abends weggehe, lasse ich die Lampe brennen. Bei meiner Rückkehr sehe ich ihren Schimmer hinter den Vorhängen, und ich lächle über meine wirkungslosen Listen, denn sobald ich die Tür aufstoße, schlägt mir die Einsamkeit mitten ins Gesicht. Ich öffne und schließe die Wandschränke, schiebe die Flacons hin und her, drehe an den Wasserhähnen, höre aber nur die Stille deiner Abwesenheit. Ich lausche auf sie, sie ängstigt mich nicht, sie fasziniert mich. Ich habe keinerlei Verlangen, sie zu unterbrechen. Der Schlaf wird kommen, in Hunderten von Nächten ist er gekommen, während ich deiner Abwesenheit lauschte.«[13]

Die Erinnerung an den Verstorbenen weist nur helle, warme, freundliche Farben auf. Sie zeichnet ein *Idealbild*. Es wäre auch nicht hilfreich, jetzt schon dieses Idealbild korrigieren zu wollen. Der Trauernde braucht Zeit, viel Zeit, um dieses Bild von sich aus zu erweitern und zu ergänzen. Nur langsam, sehr langsam entsteht Raum für die Einsicht, daß in jeder Beziehung Helles und Dunkles, Haß und Liebe, Zärtlichkeit und Zorn, Nähe und Fremdheit vermischt sind.

Selbstvorwürfe und Schuldgefühle können diese Zeit zur Qual machen. Manches kreist dabei um die Zeit des Sterbens. Vielleicht war die Pflege lang und anstrengend und manchmal kam der Gedanke, sie möge doch zuendegehen. Als dann der Tod eintrat, war irgendwo auch ein Gefühl der Erleichterung. Jetzt auf einmal schäme ich mich dieses Ge-

fühls, und die Scham bedrückt mich. Ein andermal melden sich Schuldgefühle, weil ich überlebt habe. Ich!
Oft sind es Erinnerungen an die Sterbezeit, die sehr intensiv wachwerden und mich anklagen:

»Wir ließen ihn sterben. Hilflos sahen wir seinem körperlichen Verfall zu und ließen ihn sterben. Wir versteckten uns in unserer Hilflosigkeit, belogen ihn und uns mit der trügerischen Hoffnung auf Besserung seines Zustandes. Wir verschwiegen ihm seinen bevorstehenden Tod jahrelang, vielleicht, weil wir ihn selbst nicht wahrhaben wollten. Wir arrangierten uns mit der Lüge. Nur manchmal, wenn ich von Hamburg aus am Telefon mit ihm sprach, sein heiseres Röcheln hörte und mir ein Lachen über seine mißlungenen Witze abzwingen mußte, wurde der unterdrückte Schmerz unerträglich. Ich schämte mich meiner Hilflosigkeit und weinte. Meine Tränen konnte er ja nicht sehen.«[14]

Manchmal sucht die Trauer wie mit einem übergroßen Scheinwerfer das gemeinsame Leben nach Fehlern und Versäumnissen ab. Ein voreiliger Zuspruch der Vergebung wäre hier nicht hilfreich. Geht es doch dem Trauernden auch darum, das Unbegreifliche begreifbar zu machen, im Chaos eine Ordnung zu erkennen, für das Vulkanische eine Bahn zu finden und ein paar feste Punkte im Wirbel der Gedanken und Gefühle. Vergebung ist wohl nur dann hilfreich, wenn sie diesen Weg nicht abkürzt und abschneidet, sondern aufnimmt und ernstnimmt. Ja, das Abschreiten dieses Weges, das bewußte Erleben, das Zulassen und Aussprechen der Gefühle ist schon ein Stück Vergebung.
Wie stark auch religiöse Fragen aufbrechen können! Manches klingt schon vertraut, von früher her, nur wird es diesmal mit ungeheurer Macht nach vorn geschleudert. Anderes hat mich so noch nie beschäftigt. Aber auf einmal ist es da, bohrend und bedrängend. Wo sind die Toten? Sehen sie mich? Sind sie mit mir in Verbindung? Darf ich mit ihnen sprechen? Was ist mit der Hölle oder was ist mit dem Himmel?
Vielleicht greife ich zur Bibel. Ich blättere wahllos darin herum. An der einen oder anderen Stelle bleibe ich hängen. Ist das ein Wort, das mich erreicht, liegt hier ein Gedanke, der mir hilft? Hilft, vielleicht nur für diesen einen Tag?
Mag sein, daß ich die Kraft finde, den Pfarrer anzurufen. Mag sein, daß er von sich aus kommt. Ich erlebe dann viel-

leicht, daß seine Gegenwart meine Fragen nur noch verschärft. Steht er nicht für den Gott, der diesen Riß in mein Leben gebracht hat? Es ist wichtig, daß ich solche Gedanken äußern darf und dabei nicht vorschnell unterbrochen werde.

Ähnliches gilt auch für mein Beten. Ich versuche es mit vertrauten Texten. Manches aus der Kindheit kommt hoch und formt sich neu auf meinen Lippen. Spüre ich auch etwas von der Geborgenheit, die damals da war? Etwas von jenem *Dies Kind soll unverletzt sein*, von dem schon damals das Gefühl ausging: Alles ist gut. Jetzt, für einen kurzen Augenblick wenigstens, ist alles gut.

Ein anderes Mal ist mein Beten mehr dem Seufzen der Kreatur ähnlich als menschlichen Worten. Dem Seufzen der geschlagenen, gequälten, erniedrigten, beraubten, durchgeschüttelten Kreatur. »Wenn es Gebete gibt, die nur ein Stöhnen sind,« schreibt Liliane Giudice, »habe ich gebetet.«[15]

In dieser Zeit ist es wichtig, daß ich nicht *gegen* meine Gefühle lebe, mich nicht wegen meines Verhaltens bestrafe, das an manchen Stellen so unsinnig, so widersprüchlich, so kindisch erscheinen mag. Daß ich meinen Schmerz nicht unterdrücke. Daß ich versuche, anzunehmen, was in mir ist.

Vielleicht erlebe ich so, langsam, unsagbar langsam, daß ich wieder einen Halt finde, Boden spüre, etwas, was trägt. Sicher, es bleibt gefährdet und verletzlich. Ein Hauch, und alles wirkt wieder zweifelhaft. Und dennoch: Kräfte des Lebens beginnen sich zu regen.

»Ich war durch einen Vorhang von den Menschen und den Dingen der Erde getrennt. In einer späteren Zeit hätte ich mich ablenken lassen können; es wäre eine Flucht gewesen. Mir scheint, ob man seine Trauer im Glauben oder im Unglauben trägt, man muß lernen, nicht daran vorbeizugehen, sondern mit ihr zu leben. Die Trauer arbeitet an uns, sie macht uns Tag um Tag stärker, weil man sich nicht an den geliebten Menschen anlehnen kann; sie macht uns freier, weil man allein ist mit Gott. Sie zu unterdrücken, würde uns verkümmern. Fast ist mir jetzt, nach vielen Jahren, als würde ich meinen Schmerz lieben; jedenfalls ist er nicht mehr ein Feind, den ich bekämpfen muß, vielmehr ist er ein Teil von mir geworden, der mich entscheidend geformt hat, mehr als je das Glück es tat.«[16]

4. Sich-wieder-öffnen: Die adaptive Phase

Es ist nicht alles aus. Das Leben geht weiter. *Mein* Leben! Ich lebe noch. Ich lebe wieder. Der Verstorbene beansprucht mich nicht mehr so umfassend wie bisher. Mein Sinnen und Trachten ist nicht mehr so ausschließlich auf ihn gerichtet. Die dauernde innere Beschäftigung mit dem Verlust läßt nach. Die Vergangenheit-Gegenwart ist nicht alles. Es gibt noch Zukunft.

»Ich weiß nicht, an welchem Tag ich zum erstenmal spürte, daß nicht alles unwiederbringlich verloren sei. Weckte mich Kinderlächeln oder ein Zeichen unverhüllter Trauer, wo ich keine sehen wollte? Ein Verantwortungsgefühl? Hatte sich meine Verzweiflung erschöpft? Vielleicht hat mich das Spiel des Lebens gefangengenommen. Die Wahrheit hat so viele Facetten, daß ich unmöglich genau sagen kann, wie ich wieder Fuß faßte. Eines Tages bemerkte ich, daß ich aufgehört hatte, nur Fassade zu sein. Ich existierte, ich atmete. Ich wollte auf die Ereignisse wieder Einfluß nehmen. Langsam kam ich wieder zu mir und sah, was noch von mir übriggeblieben war. Da begann ich, die Einsamkeit nicht mehr über mich ergehen, sondern mich von ihr zähmen zu lassen.«[17]

Auch jetzt noch gibt es Rückschläge. Verzweiflung und Angst kehren zurück und scheinen alles zu zerstören. Der Todestag, der Geburtstag, das Lachen eines Liebespaares, ein Bild, ein Laut, eine Erinnerung an ein gemeinsames Erlebnis, und das Gewicht der Trauer lastet schwer auf uns. Die Welt taucht wieder in die Schattenseite ein. Und doch: Solche Einbrüche klingen wieder ab und gehen vorüber. Die Waagschale neigt sich zum Leben, zögernd erst, aber dann immer deutlicher und länger und verläßlicher.

Ich beobachte mich dabei, wie ich unbefangener mit dem umgehe, was dem Verstorbenen gehörte. Anfangs war das alles noch heilig. Wütend wurde ich, wenn sich jemand daran wagte. Unberührt und unverändert sollte es bleiben. Wehe dem, der sich daran verging!

Jetzt verliere ich die Scheu. Dieses und jenes nehme ich in die Hand, lege es beiseite, räume es auf, verschenke es, werfe es weg. Eine Erinnerungsstätte, ein Museum sollte sein Zimmer sein. Jetzt brauche ich es nicht mehr.

»Irgendwann wird der Tote verdrängt. Mit der Zeit nimmt er immer weniger Platz ein; zuerst braucht man nur ein Fach und rückt seine Papiere ein wenig zur Seite; dann braucht man einen halben Schrank und hängt seine Kleider weg . . . Auf deinem Schreibtisch lagen noch Dinge, die du gebraucht hattest: die Mappe, die chinesische Schale mit den Bleistiften, die Zinnschüssel. Zuerst nahm ich nur die Mappe weg, in der du Notizen für deine Erinnerungen aufbewahrt hattest. Dann brauchte ich Platz für meine Referate und leerte den Eckschrank.«[18]

Auch der Gang zum Friedhof bekommt eine neue Qualität. Die Sorge um den Grabschmuck, die Freude an den frischen Blumen, das Lauschen auf den Vogelruf, das Spiel des Windes in den Blättern, – ich öffne mich für so viele Wahrnehmungen, die noch vor kurzer Zeit dicht vom Schmerz verschlossen waren. Neben das Gefühl des Verlustes tritt mehr und mehr Dankbarkeit, Dankbarkeit für all das, was schön und gut und aufregend war.

Aber auch das andere darf allmählich hervortreten. Ich merke, wie ich schlimme Erinnerungen nicht mehr gleich wie böse Gespenster verscheuche. Vielleicht erschrecke ich anfangs noch bei dem Gedanken an das, was wehtat und ärgerlich war. Aber ich erlebe gleichzeitig, daß ich diesen Gedanken nicht sofort abwehre. Ich kann ihm Raum geben. Unsere Auseinandersetzungen, unsere Meinungsverschiedenheiten, unsere bitteren Stunden wagen sich hervor, und ich kann es gelten lassen. Es ist ein Zeichen der Heilung, wenn sich mein Idealbild dem *Realbild* annähert. Jetzt kann ich den anderen annehmen, wie er war, mit seinen hellen und mit seinen dunklen Seiten, mit seinen Begabungen und seinen Grenzen, mit seinen Vorzügen und mit seinen Mängeln. Ich erinnere mich an das Wort bei der Trauerfeier: »So nehmen wir jetzt *in Frieden* Abschied voneinander . . .«

Sigmund Freud hatte dem Trauernden die Aufgabe zugewiesen, alle Bindungen zum Verstorbenen abzulösen und zurückzunehmen. Spätere Untersuchungen haben erkannt, daß damit nur ein Teil der Trauerarbeit benannt war. So fand Freuds Gedanke eine Ergänzung. Es gehe nicht nur um die Zurücknahme von Bindungen. Genauso wichtig sei ein zweiter Schritt, nämlich den Verstorbenen in die eigene Geschichte, in die eigene Person, in das eigene Leben aufzunehmen, ihn gleichsam zu *verinnerlichen*. Bisher hatte der Trauernde ja in einem eigentümlichen Zustand des »als ob« gelebt. Er hatte gelebt, als ob es den Verstorbenen noch gäbe, als ob er noch zu finden sei. Dieses »als ob« hatte sein ganzes Leben bestimmt und seine Tage geprägt. Jetzt darf es sich auflösen. Der Verstorbene wird nicht mehr außerhalb des eigenen Lebens gesucht, er hat seinen Platz im Inneren gefunden. Verena Kast beschreibt es so:

»Ist einmal die Such- und Trennphase in ein Stadium gekommen, in dem sie nicht mehr das gesamte Sinnen und die gesamte Phantasie des Trauernden beansprucht, dann kann die Phase des neuen Selbst- und Weltbezugs einsetzen. Voraussetzung dafür ist, daß der Verstorbene nun eine ›innere Figur‹ geworden ist; sei dies, daß der Trauernde den Verstorbenen als eine Art inneren Begleiter erlebt, der sich auch wandeln darf, sei es, daß der Trauernde spürt, daß vieles, was zuvor in der Beziehung gelebt hatte, nun seine eigenen Möglichkeiten geworden sind.«[19]

Ich öffne mich wieder zum Leben hin. Meine klein gewordene Welt beginnt sich zu weiten. Es ist, als ob Fenster und Türen aufgingen, die lange verschlossen waren. Ich interessiere mich wieder für andere Dinge und nehme Anteil an dem, was um mich herum geschieht. Alte Hobbys leben wieder auf, und Tätigkeiten, die über Monate hin geruht haben, machen mir wieder Freude. Ich ziehe mich gern schön an und finde Gefallen an den frischen Farben.

Vor allem lerne ich, wieder auf Menschen zuzugehen, lerne, mich ihnen anzuvertrauen und kann ihre Nähe jetzt besser ertragen. Ich lerne, wieder zu leben, vielleicht mich zu verschenken. Lerne, daß ich wieder jemandem gehören darf.

Gerade hier werden die ersten Schritte sehr zaghaft sein, vielleicht überschattet von Zweifeln und bedrängt von Fragen. Und doch erkenne ich darin ein Zeichen dafür, daß ich nicht mehr in der Vergangenheit lebe. Ich freue mich an ihr, in meiner Phantasie kehre ich manchmal zu ihr zurück und wärme mich an ihr, aber ich lebe nicht mehr in ihr. Wenn ich neue Bindungen eingehe, dann liegt darin auch die Chance eines neuen Anfanges. Ich bin jetzt weiter als ich war, bin reifer geworden, habe dazugelernt. Das wird auch meinen neuen Beziehungen zugute kommen. Bei der Wahl meiner Freunde, bei der Wahl eines Partners, bei dem Versuch, mein Leben neu zu ordnen werde ich mich besser kennen als vorher. Ich werde in der Lage sein, Fehler zu vermeiden, die mir früher immer wieder unterlaufen sind, meine Wünsche einzubringen und meine Bedürfnisse besser zu berücksichtigen.

... eine Zeit der Existenz,
die starkes Empfinden umfaßt
und so eine Zeit der Nähe,
reifen und jemand werden,
der mehr ist,
als wir es zuvor waren.

So kommt ein Weg zu seinem Ende. Ich bin jetzt weiter als vorher. Das Durchleben der Trauer hat mich reicher gemacht. Es ist, als ob ich einige Räume durchschritten hätte, die mir vorher unbekannt waren. Jetzt ist mir manches vertrauter. Ich sehe deutlicher wer ich bin und woher ich komme, ich kann das *Eigene* besser wahrnehmen. Ich spüre mich mehr in meinen Stärken und in meinen Schwächen, in meiner Angst und in meiner Sehnsucht, in meinem Gelingen und Scheitern, in meinem Glauben und in meinem Zweifel.

Jetzt eröffnet sich mir die Chance eines neuen Lebens, und ich bin besser befähigt zu entscheiden, wie ich dieses Leben gestalten möchte. Ich weiß nun, was wichtig ist und was zurücktreten kann, was flüchtig ist und was bleibt, wo ich kompromißbereit bin und wozu ich stehen möchte. So gewinne ich Spiel-Raum. Vielleicht macht es mir Freude, Seiten an mir zuzulassen und auszuprobieren, die bisher zu kurz gekommen sind. Vielleicht kann ich mir jetzt Wünsche erfüllen, die ich immer zurückstecken mußte. Vielleicht kann ich Interessen nachgehen, die mir schon immer vor Augen schwebten, für die aber nie Zeit und Muße da war.

In einer heiter-nachdenklichen Erzählung, *Die Unwürdige Greisin*, hat Bert Brecht seiner Großmutter ein Denkmal gesetzt. Er erzählt von einer Frau, die zweiundsiebzig Jahre alt war, als ihr Mann starb. Sie hatte sieben Kinder geboren und fünf von ihnen in einem kargen Leben großgezogen. Jetzt auf einmal geschahen seltsame Dinge. Sie weigerte sich, zu ihren Kindern zu ziehen und legte auch keinen großen Wert auf ihren Besuch. Dafür kümmerte sie sich um einen Flickschuster und um ein schwachsinniges Küchenmädchen. Sie ging ins Kino, aß im Gasthaus, fuhr zum Pferderennen und trank Rotwein. Mit 74 Jahren starb sie. »Sie hatte,« so beschließt Bert Brecht diese Geschichte, »die langen Jahre der Knechtschaft und die kurzen Jahre der Freiheit ausgekostet und das Brot des Lebens aufgezehrt bis auf den letzten Brosamen.«[20]

Mag sein, daß dies auch *mein* Lernpunkt ist, mehr auszukosten von den Angeboten des Lebens. Mag sein, daß es für mich ganz anders ist. Ich habe alles ausgekostet und will mich jetzt auf das besinnen, was wesentlich ist. Wie auch immer, meine Trauerarbeit nähert sich einem Ende, und ich bin aufgerufen, neu zu verantworten, wer ich bin, und wie ich leben möchte.

Zur Besinnung

Wiederum bitte ich Sie innezuhalten und Ihre Seele nach-kommen zu lassen. Ich habe versucht, den Weg nachzu-zeichnen, den die Trauer dort geht, wo sie fließen darf und nicht behindert wird. Dabei habe ich immer wieder Men-schen zu Wort kommen lassen, die davon erzählen, was sie durchlebt und durchlitten haben. Wie ist es Ihnen dabei ergangen?

Mich bewegt ein Gedanke, den ich bei Lily Pincus gefun-den habe: »Die Voraussetzung dafür, daß ein Mensch sei-nen Trauervorgang ›vollenden‹ kann, muß die sein, daß er in seiner ihm eigenen Art und zu seiner eigenen Zeit trau-ern darf.«[21]

So möchte ich Sie bitten, Ihre eigene Art, Ihre eigene Zeit zu entdecken und Ihren eigenen Weg nachzuempfinden. Versuchen Sie, mit Ihrem Erleben in Berührung zu kom-men, mit Ihren Gefühlen, versuchen Sie, der Bewegung Ih-rer Trauer nachzuspüren.

Vielleicht hilft es Ihnen auch, wenn Sie zur Feder greifen und etwas von dem, was Sie bewegt, zu Papier bringen. Es kommt dabei nicht auf schöne Formulierungen an. Schön ist, was lebendig ist. Lassen Sie Ihren Kummer, Ihren Är-ger, Ihre Sehnsucht, Ihre Liebe heraus, lassen Sie heraus, was heraus möchte.

Wenn Sie möchten, können Sie noch einen Schritt weiter gehen. Schauen Sie sich noch einmal an, was jetzt vor Ih-nen auf dem Papier steht. Versuchen Sie, mit ihm in eine Art Zwiesprache zu treten. Was sagen Ihnen diese Zeilen? Was sagen sie über Sie selbst? Und wie antworten Sie dar-auf? Lassen Sie diesen Dialog ein wenig hin- und herlau-fen. Sie werden dabei viel über sich selbst erfahren.

Vielleicht empfinden Sie an einigen Stellen Zufriedenheit, weil Sie spüren: Hier bin ich weitergekommen. Hier ist mir etwas zugewachsen. An anderen Stellen fühlen Sie sich dafür noch ganz am Anfang. Wichtig ist, daß Sie dies nicht bewerten, als ob das eine gut und das andere schlecht wäre, das eine richtig und das andere falsch. Beides ist einfach da, so wie es ist, und will darin ernst genommen werden.

Jetzt

Die Nacht hat sich ausgeweint
und einem blauen Himmel
Platz gemacht.
Dies ist ein Tag
der nach Aufbruch riecht.

Brigitte Heidebrecht[22]

III Trösten und Vertrösten

1. Der feine Unterschied

Manchmal, wenn ich als Krankenhauspfarrer auf eine Station komme, werde ich mit den Worten begrüßt: »Schön, daß Sie da sind. Gehen Sie doch zum Herrn Sowieso, der braucht heute viel Trost.« In solchen Worten schwingt oft – unausgesprochen – noch eine andere Botschaft mit, nämlich: »Vielleicht haben Sie eine Antwort auf die Fragen dieses Patienten. Vielleicht haben Sie eine Lösung für sein Problem. Vielleicht fällt Ihnen etwas ein, was man ihm sagen könnte.«

Wenn ich dann den Patienten besuche, geschieht etwas Merkwürdiges. Ich spüre sehr bald, daß er von mir gar keine Antwort hören will. Er erwartet auch keine Lösung von mir. Ja, oft genug scheint es nicht einmal so wichtig zu sein, was ich zu *sagen* habe. Zwar mag es sein, daß er Fragen stellt, etwa: »Warum ich? Warum muß ich soviel durchmachen? Warum wird mir soviel zugemutet?« Aber er erwartet auf diese Frage keine Antwort im Sinne einer Erklärung, im Sinne einer Auskunft, einer Information.

Ja, er wartet auf etwas, vielleicht sogar verzweifelt auf etwas, aber dieses etwas liegt auf einer anderen Ebene. Es geht in die Richtung: Kannst Du verstehen, wie mir zumute ist? Kannst Du mich annehmen, so wie ich bin? Wirst Du mich aushalten, wenn ich Dir etwas von dem zeige, was in mir vor sich geht? Wenn ich Dir zeige, wie ich wirklich bin? Magst Du mich dann? Magst Du mich auch *so*?

kein trost

als ich weinte
in deinen armen
hast du nicht versucht
meine tränen
zu stillen
du hast mich festgehalten
damit ich
weiter weinen konnte

als allein

so
hast du mir
geholfen.[23]

47

Es gibt einen feinen, manchmal unmerklich feinen Unterschied zwischen *Trost* und *Vertröstung*. Die Vertröstung, der billige Trost, ist daran zu erkennen, daß sie das Gefühl des anderen nicht aufnimmt und annimmt. Sie geht an dem Empfinden des anderen vorbei.

Bei genauerem Hinsehen erkennen wir auch das Gewand, in das sich Vertröstungen gern kleiden. Es sind *Beschwichtigungen*, wie z. B. die Äußerung »Das wird schon wieder werden!« Oder es sind *Moralisierungen*, z. B. »Denken Sie an die vielen Menschen, die noch viel mehr verloren haben als Sie!« Dann sind es ganz direkte *Gefühlszurückweisungen*, »Sie müssen nicht traurig sein!« oder »Sie müssen keine Angst haben!« Daneben sind es die *Verallgemeinerungen*, z. B. »Viele Frauen haben Ihre Männer verloren, und das Leben geht trotzdem weiter!« Schließlich sei noch die Form der *emotionalen Verpflichtung* genannt, die dadurch eine besondere Qualität gewinnt, daß sie leicht Schuldgefühle wachruft: »Wie können Sie nur so undankbar sein, nach all den vielen schönen Jahren?!«

All diese Äußerungen entfernen sich vom Erleben des anderen. *Trost* dagegen bleibt bei dem, was der andere fühlt, bleibt neben ihm. Beinahe urbildhaft dargestellt ist dies auf den ersten Seiten der Hioberzählung. Vielleicht erinnern Sie sich: Hiob war ein frommer und rechtschaffener, wohlhabender Mann. Dann aber wird ihm alles aus den Händen gewunden, sein Vieh, seine Knechte, sein Besitz, alles. Er sitzt in der Asche und findet eine Scherbe, mit der er sich seine Geschwüre schabt. Seine Freunde kommen aus der Ferne und sehen ihn so sitzen. Sie erkennen ihn kaum wieder. Werden sie umkehren, oder was werden sie tun? Es wird erzählt:

2,12 Und als sie ihre Augen aufhoben von ferne, erkannten sie ihn nicht und erhoben ihre Stimme und weinten, und ein jeder zerriß sein Kleid, und sie warfen Staub gen Himmel auf ihr Haupt

13 und saßen mit ihm auf der Erde sieben Tage und sieben Nächte und redeten nichts mit ihm; denn sie sahen, daß der Schmerz sehr groß war.

Hier ist alles gesagt. Sie setzen sich *zu* ihm und halten *bei* ihm aus. Später, so berichtet das Hiobbuch, werden sie ihren Mund öffnen und Erklärungen für Hiobs Leid suchen,

lange Reden, und Hiob wird sie unterbrechen und ihnen
entgegenschleudern:

16,2 f Ihr seid mir leidige Tröster! Wollen Eure leeren Worte kein
Ende nehmen?

Vertröstungen erklären, lenken ab, klammern aus, schie-
ben auf, nehmen Raum, gehen weg. Trost bleibt, hört zu,
nimmt auf, hält aus, gewährt Raum, nimmt an. Beide sehen
sich manchmal zum Verwechseln ähnlich, und dennoch
liegen Welten dazwischen.
In meiner Schreibtischschublade liegt seit Jahren ein
Schächtelchen, das eine Geschichte hat. Mit ihr will ich
noch einmal von einer anderen Seite her deutlich machen,
worum es geht. Eines Tages rief mich ein Arzt an. Er erzählte mir von einer seiner Patientinnen. Sie sei sehr
krank, habe Krebs, und es wäre sicher gut, wenn sie in den
kommenden Wochen einen Gesprächspartner fände, jemanden, der einfach Zeit für sie hätte. Nicht lange danach
stand ich im Zimmer der Patientin. Sie lud mich ein, Platz
zu nehmen und sagte dann: »Ich weiß, daß ich sehr schwer
krank bin. Ich weiß auch, wie meine Krankheit weitergehen wird, und ich möchte den Weg, der für mich bestimmt
ist, gehen. Solange es irgendwie geht, möchte ich ihn wach
und bewußt gehen. Aber ich habe Angst, ihn allein zu gehen. Ich sehne mich danach, daß jemand mit mir
geht.«
Ich besuchte die Patientin etwa zweimal in der Woche. Dabei überließ ich ihr den Rhythmus und das Thema des Ge-
spräches. Ich versuchte einfach, sie so anzunehmen und
ernstzunehmen, wie sie sich an diesem Tage gerade fühlte.
Manchmal erzählte sie sehr viel und ging dabei weit zurück
in die frühen Jahre ihres Lebens, die Kindheit, die Jugend-
zeit, die ersten Ehejahre. Manchmal bat sie mich, ihr etwas
zu erzählen, etwas von draußen, etwas von mir. Oft
schwiegen wir zusammen. Ich saß an ihrem Bett und hielt
ihre Hand. Manchmal stand die Trauer über das Verlorene
im Vordergrund oder der Zorn über das, was ihr zugemutet
wurde. Manchmal war es die Sehnsucht nach Erlösung.
Die Herbstmonate vergingen. Es kam die Zeit des Advent.
In diesen Wochen hat uns ein Lied von Jochen Klepper be-

gleitet. In seinen Zeilen fühlte sie sich tief verstanden, verstanden in ihrer Not und in ihrer Hoffnung:

Die Nacht ist vorgedrungen, der Tag ist nicht mehr fern.
So sei nun Lob gesungen dem hellen Morgenstern!
Auch wer zur Nacht geweinet, der stimme froh mit ein.
Der Morgenstern bescheinet auch deine Angst und Pein.[24]

Während der Wintermonate nahmen die Schmerzen zu. Sie bekam immer stärkere Mittel und war nur noch stundenweise ansprechbar. In einem unserer letzten Gespräche schenkte sie mir ein Schächtelchen. Sie hatte es in Geschenkpapier eingewickelt und bat mich, es zu Hause zu öffnen. Dies tat ich dann. Ich packte es aus, öffnete es, und heraus kam eine kleine Spieluhr.

Ich begann, die Spieluhr zwischen meinen Fingern zu drehen und erkannte eine Melodie. Es waren ein paar Takte aus der Titelmusik eines Filmes. Eine Gaunerkommödie, ein farbenfroher, lauter, lebensvoller Film. Ich erinnerte mich, daß es in einem unserer Gespräche um diesen Film gegangen war. Für die Patientin war es der letzte Film, den sie gesehen hatte, eine Art Symbol für Gesundheit und Lebensmut und Daseinsfreude.

Während ich diesen Erinnerungen nachsann, wurde ich den Gedanken nicht los: Etwas fehlt. Die Patientin will dir noch etwas sagen, etwas, was du bis jetzt noch nicht verstehst. Aus einer Intuition heraus legte ich die Spieluhr an meine Schreibtischplatte und begann noch einmal zu drehen. Auf einmal klang das Spiel viel voller, viel getragener, viel stärker als vorher. Jetzt wußte ich, was mir die Patientin sagen wollte. Für sie war es in den Tagen des Abschiednehmens, in den Monaten des Sterbens, wichtig geworden, *Resonanz* zu finden.

Für mich liegt darin etwas Gleichnishaftes: Wenn mich etwas bekümmert, und ich finde dabei keine Resonanz, dann bleibt mein Lied schwach, einsam, verloren. Wenn ich aber Resonanz finde, dann wird es voller und gewinnt an Tiefe und Kraft.

Menschen, die viel verloren haben, sind empfindlich gegenüber leeren Worten und leidigen Tröstern. Dafür sehnen sie sich nach Resonanz, nach dem Mitfühlen, Mitschwingen, Mitschweigen, Mitleiden, Mitgehen der anderen. Nur so kann auch der Trauernde getrost sein.

2. Die sogenannten Guten Ratschläge

Sie kommen vielen Menschen so leicht über die Lippen, und sie sind so gut gemeint, die sogenannten Guten Ratschläge: Denke an etwas anderes! Versuche doch, dich zu zerstreuen! Ich würde mich an deiner Stelle in die Arbeit stürzen. Mach doch mal richtig Urlaub, fahr weit weg, dorthin, wo es schön und sonnig ist! Meist sind es Vorschläge zur Ablenkung, zur Aufheiterung, zur Arbeit, zum Vergessen. Ganz ohne Zweifel, die anderen meinen es gut und wollen helfen.

Wenn wir genauer hinsehen, dann verbirgt sich hinter diesen guten Ratschlägen freilich auch noch etwas anderes. Es ist die Furcht, sich dem Schmerz des Trauernden stellen zu müssen, die Furcht, seine Fragen aushalten zu müssen und vielleicht keine Antwort zu haben. Ja, es ist die Furcht, im Erleben des Trauernden auch der eigenen Vergänglichkeit zu begegnen. Denn *sein* Verlust erinnert mich ja auch daran, wie verletzlich mein eigenes Leben ist.

Es sind diese Erinnerungen an die eigene Ohnmacht und Hilflosigkeit und Zerbrechlichkeit, die so schwer zu ertragen sind. Da liegt die Versuchung nahe, sie mit allerlei Betriebsamkeit und Aktivität zu verdrängen. Das ist die Wurzel aller »Tu doch mal . . .«s und »Mach doch mal . . .«s und »Ich an deiner Stelle würde . . .«, die ich als Trauernder so schnell zu hören bekomme. Es sind im Grunde genommen Beschwichtigungen für den, der sie äußert und dienen seiner eigenen Beruhigung.

Meist allerdings verbünden sich solche Ratschläge, die von außen kommen, mit den Stimmen, die auch in mir selbst zu Hause sind. Mit der Seite in *mir*, die dem Schmerz der Trauerarbeit ausweichen möchte. Das macht mich auch so empfänglich dafür.

Ich kann mich ja einmal probeweise darauf einlassen. Kann überprüfen, ob das hilfreich ist, mich abzulenken, mich in Arbeit zu stürzen, mich zu zerstreuen usw. In der Regel werde ich die Erfahrung machen: Es hilft nicht. Mein Schmerz holt mich ein und sagt: Du, ich bin immer noch da! Ich kann jetzt weitermachen und meine Anstrengungen verstärken. Noch mehr Ablenkung, noch mehr Arbeit, noch mehr Zerstreuung. Aber es würde sich nichts ändern.

Die Trauer läßt sich nicht abschütteln, ganz gleich, wieviel Kraft ich auch einsetze.

Es kostet sehr viel, gegen sich selbst anzuleben. Es ist ungeheuer aufreibend, eine Rolle durchzuhalten, die mir nicht entspricht oder eine Fassade zu stützen, die nicht auf einem festen Fundament steht. Unsere Seele protestiert, wenn wir ihr so Gewalt antun. Ihr Protest meldet sich in unseren Träumen zu Wort, auch in unseren Tagträumen. Er meldet sich vor allem in körperlichen Symptomen. Dann zieht es uns das Herz zusammen, dann schlägt uns etwas auf die Nieren, dann steckt uns ein Kloß im Hals, die Galle läuft uns über, dann liegt uns etwas schwer im Magen. Unsere Redensarten weisen auf solche Zusammenhänge zwischen seelischem Erleben und körperlichem Ausdruck hin.

Lassen wir uns auf ein Beispiel etwas tiefer ein. In meiner Trauer habe ich immer wieder das Bedürfnis zu *weinen*. Ich spüre, wie meine Augen feucht werden, wie die Tränen kommen, wie sie herausmöchten, ja, wie mein ganzer Körper sich auf diesen Tränenausbruch vorbereitet:

»Die Tränendrüsen produzieren mehr Flüssigkeit als sonst, die Muskeln um Augen und Mund verspannen sich, die Nasenschleimhäute schwellen und sondern Schleim ab, die Haut im Gesicht ist mehr durchblutet, die Atmung verändert sich, die Muskulatur des Brustkorbes dehnt sich und zieht sich schneller zusammen, die Stimmbänder werden anders als beim Sprechen beansprucht. Beim kleinen Kind und auch beim Erwachsenen, der noch – oder wieder – richtig weinen kann, zuckt oft der ganze Körper. Weinen ist eine emotionale und körperliche Reaktion, die weit mehr als nur Tränenproduktion bedeutet: Der ganze Mensch weint. Geht das Weinen ganz allmählich, ohne von äußeren Einflüssen gehemmt zu werden, in eine beruhigte Traurigkeit über, so können sich die emotionalen und körperlichen Reaktionen langsam normalisieren. Es kommt dann noch zu einem abschließenden Schluchzen, bei dem sich bestimmte Muskelgruppen nochmals heftig zusammenziehen, dann zu tiefem, beruhigtem Atmen. Die Tränenproduktion läßt langsam nach, die Nase läuft weniger, die Muskeln entspannen sich. Schmerz und Traurigkeit gehen in Beruhigung und Erleichterung über. Weinen ist wie eine große, meist wohltuende Welle, die uns erst langsam, dann heftig und dann sanft ausklingend mitnimmt. Nach dem Weinen ist man stets erleichtert, als hätte die Welle auch etwas vom Grund des Weinens mit weggeschwemmt.«[25]

Dies alles könnte also geschehen, und es wäre wohltuend, lindernd, heilend, befreiend. Aber jetzt kommen die Guten

Ratschläge: Laß' dich doch nicht so gehen! Du wirst doch nicht dauernd herumsitzen und heulen! Nimm doch nicht alles so furchtbar schwer, das Leben geht doch weiter!

Was passiert? Wenn ich diesen Stimmen nachgebe, dann entscheide ich mich *gegen* mein Bedürfnis, *gegen* mein Gefühl und *gegen* meinen Körper. Ein natürlicher Ablauf wird unterbrochen. Was kommen will, halte ich auf. Was fließen will, staue ich an. Was sich lösen möchte, halte ich fest. Was sich befreien möchte, bleibt gefangen. Das kann auf die Dauer nicht gutgehen. Es muß zu Verspannungen, zu Knoten, zu Störungen führen. Wenn ich mich ständig so kränke, dann mache ich mich krank.

Guter Rat ist tatsächlich teuer! Die Guten Ratschläge, die mich von außen und von innen erreichen, sind in der Regel wenig hilfreich. Denn sie wollen mich dazu verführen, meine Trauerarbeit zu vermeiden. Der Preis dafür aber wäre hoch. Die Wunde, die ich nur trauernd schließen kann, bliebe offen. Es wäre mir kein guter Dienst erwiesen. Nein, gute Freunde sind in dieser Zeit Menschen, die mich nicht von meiner Trauer abhalten, sondern mich behutsam zu ihr hinführen und ermutigen.

3. Die Sache mit den Gefühlen

In der Schwierigkeit zu trauern spiegelt sich in besonders deutlicher Weise ein Problem unserer Zeit wider: Es fällt uns schwer, in einer guten Weise mit unseren Gefühlen umzugehen. Das war freilich nicht immer so. Beobachten wir eine kleine Szene am Rande eines Spielplatzes:

In einem großen Sandkasten sitzen Buben und Mädchen und bauen Burgen und Höhlen, Berge und Täler, legen Wege und Straßen an, schaffen Kreuzungen, Tunnels, Bahnübergänge und Zebrastreifen für Fußgänger. Kleine Autos werden hin und hergeschoben, halten an, dürfen weiterfahren, müssen anderen ausweichen, suchen eine Tankstelle und werden dort bedient. Sand wird gesiebt, zu Hügeln aufgehäuft und mit den Händen geformt. Brücken entstehen, Gräben werden gezogen, eine ganze Landschaft bildet sich heraus. Ein munteres, fröhliches Treiben. Ein buntes, friedliches Bild.

Plötzlich löst sich ein Kind aus dieser betriebsamen Schar und läuft schreiend und weinend auf seine Mutter zu, die zusammen mit anderen Eltern ein wenig abseits auf einer Bank sitzt. Das Kind hält ein zerbrochenes Förmchen in der Hand. Irgend jemand scheint darauf getreten zu sein. Es brach entzwei. Tränenüberströmt zeigt es seiner Mutter, was passiert ist und schreit seinen Schmerz hinaus.

Die Mutter nimmt den Kleinen in die Arme. Sie drückt ihn fest an sich, wiegt ihn, streichelt ihn, liebkost ihn. Bald geht das Schreien in ein Weinen über, dann in ein Schluchzen. Es dauert nicht lange, und die Tränen sind versiegt. Noch ein paar Minuten auf Mamas Schoß, und der Bub läuft zu den anderen Kindern zurück. Sein Kummer ist vergessen. Alles ist wieder gut.

Soweit diese Szene. Was ist geschehen? Nun, ein Kind hat etwas verloren und durfte trauern. Es wurde ganz angenommen, ganz ernstgenommen, es durfte seine Gefühle äußern. So dauerte es nicht lange, und es hatte seine Trauerarbeit erledigt. Der Schmerz war gegangen, die Wunde geheilt. Es konnte sich wieder dem Spiel der anderen zuwenden.

Das kleine Kind lebt *mit* seinen Gefühlen. Es darf der Welt seine Lust und seine Unlust mitteilen. Aber es dauert nicht allzu lange, und diese Freiheit hört auf. Zunächst einmal lernt es, daß es sich nicht schickt, seine Gefühle allzu deutlich zu zeigen, also zu jauchzen vor Glück, zu springen vor Freude, vor Übermut in die Hände zu klatschen, zu weinen vor Trauer und zu schreien vor Schmerz. Schlimmer aber noch, es lernt zwischen »guten« und »schlechten« Gefühlen zu unterscheiden. Wenn ich höflich bin, fröhlich bin, dankbar, hilfsbereit, lieb, dann mögen mich die Erwachsenen. Sie loben mich. Sie sind nett zu mir. Also müssen Dankbarkeit, Freude, Glück, Mitgefühl, Güte etwas Gutes sein. Umgekehrt, wenn ich eifersüchtig bin, verärgert, mißmutig, zornig, neidisch, ängstlich, dann mögen sie mich nicht. Sie schimpfen mit mir oder bestrafen mich. Also müssen Eifersucht, Ärger, Zorn, Neid und Angst etwas Schlechtes sein.

Diese Moralisierung unserer Gefühlswelt hat verheerende Folgen. Wir verlieren einen Teil unserer Freiheit, unserer Spontaneität, unserer Arglosigkeit im Umgang mit unseren Gefühlen. Wir verlieren vor allem die Fähigkeit, immer wieder zu einem guten seelischen Gleichgewicht zu finden. Der Zweijährige darf sich in der Regel noch seine Trauer von der Seele schreien. Er kann deswegen himmelhoch jauchzend sein, weil er eben auch zu Tode betrübt sein darf. Der Sechsjährige hat in der Zwischenzeit wahrscheinlich gelernt, daß ein Junge nicht weint, und daß ein Indianer keinen Schmerz kennt. Er wird folglich seinen Kummer unterdrücken, und dieser unterdrückte Kummer wird weiter auf seiner Seele lasten. Das kleine Mädchen, dem es noch erlaubt war, seinen Gefühlen freien Lauf zu lassen, hat in der gleichen Zeit gelernt, daß es sich nicht so gehen lassen darf. Es wird sich mehr kontrollieren und viel von seiner Lebendigkeit verlieren.

Legen Sie doch bitte einmal dieses Buch für ein paar Minuten aus den Händen und horchen Sie in sich hinein. Hören Sie noch etwas von den Aufforderungen, von den Mahnungen, von den Bitten, doch auf Ihre Gefühle »aufzupassen«? Sich nicht so sehr gehen zu lassen? Versuchen Sie, noch einmal mit diesen Stimmen in Kontakt zu kommen. Ich lasse jetzt ein paar Zeilen frei. Sie können dann festhalten, was Ihnen eingefallen ist.

_____

_____

_____

_____

_____

_____

Hier sind ein paar Beispiele aus meinem Leben: Angsthase! Schreihals! Heulsuse! Jammerliese! Was sollen denn die Leute sagen ... Schämst Du Dich denn nicht ... So ein großer Bub und weint ... Schau, die Frau dort drüben guckt uns schon an ... Wenn ich das dem Vati erzähle ... Bis du einmal heiratest, ist alles wieder gut ... Wie's da drin aussieht, geht niemand was an ... Hasenfuß! Der liebe Gott ist ganz traurig, wenn er dich so sieht.

Die Folgen dieser Erziehung? Wir lernen unsere Gefühle zu bewerten, zu zensieren, zurückzunehmen, zu verbergen. Wir bekommen keine Vertrautheit, keine gute Übung mit ihnen, vor allem nicht mit den Gefühlen, die wir als negativ bewerten. Sie werden uns fremd und gehören nicht mehr zu unserem Leben. Sie haben keine Möglichkeit mehr, mit uns groß zu werden, erwachsen zu werden, sich zu entfalten und zu entwickeln, wie unsere anderen Fähigkeiten auch.

Es ist schon fast ein Glücksfall, wenn ein Kind heute bei seinen Eltern erleben kann: Ich muß nicht immer stark sein! Ich muß nicht immer souverän sein. Nicht immer nett und freundlich. Ich darf so sein, wie ich bin. Es ist in Ordnung, mich so zu geben, wie ich empfinde. Ich darf auch meine Hilflosigkeit leben, meine Ohnmacht. Mein Innen und mein Außen fallen nicht auseinander. So wie ich fühle, so ist es gut. Etwas davon kommt in den folgenden Zeilen zum Ausdruck:

vaters schwäche

vater
ich mag dich
wenn du nicht so selbstsicher bist
wenn du zögerst
wenn du durcheinander bist
und nicht mehr alles im griff hast
wenn dich schwierigkeiten und fragen bewegen
dann fühle ich mich dir näher

bitte denke nicht
daß wenn du schwach bist
du mir als schwach erscheinst
ich merke ja
wieviel stärke dazugehört
seine schwäche zu zeigen

danke daß du nicht die rolle des starken spielst
daß du nichts vortäuschst
danke für deine echtheit
die uns zueinander finden läßt.[26]

Wir machen in unserer Kindheit genügend Erfahrungen, die uns trauern lehren könnten. Immer wieder verlieren wir etwas, was uns lieb war. Immer wieder müssen wir uns von Vertrautem lösen und uns auf Neues, auf Unbekanntes einlassen. Ein paar Bilder, beinahe willkürlich aneinandergereiht: Ich falle hin und zerreiße meinen neuen Pullover. Ich verlasse den Kindergarten und komme in die Schule. Ein Freund zieht in eine andere Stadt. Die neue Eisenbahn entgleist und geht kaputt. Mein Fahrrad wird gestohlen. Wir bekommen eine neue Lehrerin.

All diese kleinen Trauersituationen könnten uns helfen zu lernen, uns auszuprobieren, uns einzuüben, Erfahrungen zu sammeln, Vertrauen zu gewinnen im Umgang mit unserem Zorn, unserer Angst, unserem Kummer, unseren Phantasien und uns so vorzubereiten auf die großen Trauersituationen unseres Lebens.

Da ist ein Haustier, ein Zwerghase, gestorben. Früh am Morgen haben ihn die Kinder tot im Stall gefunden. Der neunjährige Stefan, dem der Hase gehörte, ist untröstlich. Abends kommt es zu einem kurzen Gespräch mit seinem Vater. Stellen wir uns vor, wie es laufen könnte, einmal so und einmal so. Nehmen wir an, der Vater sitzt im Sessel und liest die Zeitung. Stefan liegt auf dem Teppich und ist mit sich selbst beschäftigt. Er wirkt unleidlich, mürrisch, gereizt.

Stefan 1: (Schimpft so vor sich hin) Es ist alles ganz blöd!

Vater 1: (Hinter der Zeitung) Was hast Du denn? Immer noch der Hase?

Stefan 2: (Vorwurfsvoll) Warum ist er denn gestorben?

Vater 2: (Läßt die Zeitung sinken) Das weiß ich auch nicht. Vielleicht war er krank?!

Stefan 3: Ich mag aber nicht, daß er tot ist!

Vater 3: Hm. (nimmt wieder die Zeitung auf und liest)

Stefan 4: So was Blödes!

Vater 4: Hm.

Stefan 5: Alles ist ganz blöd auf der Welt!

Vater 5: (hinter der Zeitung) Jetzt hör' aber wieder auf mit dem blöd, ja?

Stefan 6: Ich möchte aber, daß der Mümmeli wieder lebt!

Vater 6: Ich kann ihn ja auch nicht lebendig machen!

Stefan 7: Der Peter hat auch einen Hasen. Warum ist der nicht tot?

Vater 7: Woher soll ich das wissen? Vielleicht hat er öfter den Stall saubergemacht?!

Stefan 8: Bäh!! (Steckt dem Vater die Zunge raus)

Vater 8: Jetzt hör aber auf!! (Entschuldigend) Ich weiß es ja auch nicht.

Stefan 9: (Schimpft in sich hinein)

Vater 9: (Liest die Zeitung)

Stefan 10: Ich will meinen Hasen wieder haben!

Vater 10: Ja, ist schon gut. Ich versteh' Dich ja.

Stefan 11: Ich will aber meinen Hasen!

Vater 11: Ja, ja. (Pause, läßt die Zeitung sinken) Du hast ja bald Geburtstag, da kannst Du Dir ja wieder einen Hasen wünschen.

In diesem Beispiel kommt es zu keinem guten Kontakt zwischen den beiden. Sie reden aneinander vorbei. Der Vater läßt sich kaum auf die Gefühlsebene seines Kindes ein, und so bleibt Stefan mit seinem Zorn, mit seinem Schmerz, mit seiner Trauer allein. So schimpft und trauert er auch nicht aus sich heraus, sondern in sich hinein. Er erfährt keine Erleichterung, weil seine Gefühle sich nicht äußern dürfen, d. h. nicht nach außen treten dürfen. Die abschließende Bemerkung des Vaters ist ein Angebot, das an den Empfindungen Stefans vorbeigeht. *So* kann die Wunde nicht heilen, sondern wird »großzügig« überdeckt.
Was lernt Stefan in diesem Gespräch? Er lernt, daß es nicht in Ordnung ist zu trauern, wenn etwas verloren ist. Er lernt ferner, daß er seinen Gefühlen der Unlust, des Mißmuts, des Zornes nicht trauen kann. Offensichtlich taugen sie nicht, denn sie stoßen auf Gleichgültigkeit und Zurückweisung. Schließlich lernt er, daß Verlusterfahrungen am Seelischen vorbei zu ersetzen, zu reparieren sind.

Wenden wir uns einem zweiten Gesprächversuch zu und nehmen wir wieder die gleiche Situation an, der Vater liest Zeitung, Stefan liegt, mit sich selbst beschäftigt, auf dem Teppich.

Stefan 1: (Schimpft so vor sich hin) Es ist alles ganz blöd!

Vater 1: (Läßt die Zeitung sinken, beobachtet seinen Sohn)

Stefan 2: (Schimpft weiter vor sich hin) Die ganze Welt ist blöd!

Vater 2: (Schweigt, aber schaut weiter seinem Sohn zu)

Stefan 3: (Nimmt jetzt Blickkontakt mit seinem Vater auf) Warum ist er denn gestorben!

Vater 3: (Legt die Zeitung weg) Du kannst es noch gar

nicht so recht begreifen, daß Dein Mümmeli tot ist.

Stefan 4: Ich mag nicht, daß er tot ist!

Vater 4: Ich kann verstehen, daß Du traurig und wütend bist.

Stefan 5: Ich will nicht, daß er tot ist!

Vater 5: Es tut Dir sehr weh, nicht wahr, daß der Mümmeli nicht mehr lebt.

Stefan 6: (Beginnt zu schluchzen)

Vater 6: Magst Du zu mir kommen? (Macht eine einladende Handbewegung)

Stefan 7: (Kommt, setzt sich auf Vaters Schoß, beginnt zu weinen)

Vater 7: (Hält ihn, streichelt ihn)

Stefan 8: (Weint jetzt heftig, lehnt seinen Kopf an Vaters Brust)

Vater 8: (Hält und streichelt Stefan weiter)

Stefan 9: (Erzählt unter Tränen, wie er früh mit seiner Schwester zum Stall ging, um den Hasen zu füttern, meinte, er würde noch schlafen, ihn ansprach und anfaßte, dann stutzig wurde)

Vater 9: Das muß schlimm für Dich gewesen sein, ihn so zu finden.

Stefan 10: (Nickt, schmiegt sich an)

Vater 10: (Hält ihn weiter)

Stefan 11: Der Peter hat auch einen Hasen, warum ist der nicht tot?!

Vater 11: Das kommt Dir jetzt sehr ungerecht vor, daß sein Hase noch lebt und Deiner tot ist.

Stefan 12: (Nickt, schweigt; lange Pause)

Vater 12: Ich merke, daß ich auch traurig bin, Stefan. Sicher nicht so sehr wie Du, denn es war ja Dein Mümmeli. Aber fehlen wird er mir schon, der lustige Geselle.

Stefan 13: (Nickt, lächelt, bleibt noch ein wenig auf Vaters Schoß, löst sich dann und geht in sein Zimmer)

In diesem Gespräch ist Stefan angenommen. Sein Vater geht einfach mit ihm, Schritt für Schritt. Stefan bestimmt dabei den Rhythmus, und bei jedem neuen Schritt stellt sich sein Vater neben ihn. Dabei fallen manchmal nur sehr wenige Worte. Die Sprache der Gesten, die Sprache der körperlichen Zuwendung sagt genug. Stefan erfährt Nähe und Geborgenheit. Er lernt, daß es gut ist zu trauern. Er lernt, daß er zu seinen Gefühlen stehen darf, und daß sein Erleben für seinen Vater einfühlbar ist. Er lernt, daß es weh tut, etwas zu verlieren, was einem lieb und teuer war. Er lernt schließlich, daß die Trauer leichter wird, wenn sie sich ausdrücken darf.

Ein Wort an dieser Stelle zum *Beten mit Kindern*. Wir Erwachsene unterschätzen oft, wieviel Kummer und wieviel Leid in der Seele eines Kindes wohnen können. Gebete, die an diesen Gefühlen vorbeigehen, gehen an dem Kind vorbei. Sie sind schlimm, weil sie die Trauer mißachten, und sie sind schlimm, weil sie einen gefühllosen Gott zeichnen. Heilend und wohltuend sind Gebete, die das Leid des Kindes zulassen und aufnehmen und Gott anvertrauen. Heilend ist für ein Kind – und nicht nur für ein Kind –, wenn es erlebt: Gott hat mich lieb, so wie ich bin. Gott nimmt Anteil an meinem Kummer und an meinen Sorgen. Ich darf ihm erzählen, wieviel ich verloren habe, und wie weh das tut. Wenn wir so mit unseren Kindern beten, dann erfahren sie: Mein Leben ist aufgehoben und behütet, mit seinem Schmerz und mit seinem Glück, mit seinen Höhen und mit seinen Tiefen, mit seinen hellen und mit seinen dunklen Seiten. Es ist behütet, weil Gott mich lieb hat.

Die folgenden Gebete, aus der Trauer heraus gesprochen, wollen zu eigenen Worten anleiten und ermutigen.

Lieber Gott,
meine Katze ist tot.
Ein Auto hat sie überfahren.
Ich bin sehr traurig. Ich habe geweint.
Es war eine schöne Katze,
die schönste gewiß, die du je
hast leben lassen. Nun ist sie tot.
Ich habe keine Katze mehr.
Für mich war die Katze kostbar.
Für dich auch.
Denn du schaust alles an,
was ich liebhabe.
Amen.

Unsere Großmutter ist tot. Guter Gott, wir sind sehr traurig. Wir müssen immer an sie denken: wir haben sie gern gehabt. Bitte vergiß du sie nicht. Du hast sie ja auch liebgehabt. Amen.

Großer Gott, warum ist mein kleiner Bruder krank? Er tut mir leid. Warum hilfst du ihm nicht? Ich verstehe das nicht. Du hast uns lieb. Und doch ist mein kleiner Bruder krank. Wir sind alle traurig. Auch der Doktor schüttelt den Kopf. Er weiß keinen Rat. Warum muß das sein? Wir haben ihn lieb, unseren kleinen Bruder. Er tut uns leid. Ich gebe mir Mühe, ihm eine Freude zu machen. Willst du ihm nicht helfen? Du kannst es, großer Gott, ich weiß es.

Gott, nun ist unser Immanuel tot. Wir können ihm nicht mehr helfen, wir können nicht mehr bei ihm sein. Wir haben uns auf dieses Kind gefreut. Wir sind dankbar für jeden Tag, den wir mit ihm zusammensein durften. Warum mußte unser Kind sterben? Wir hätten so gern noch lange für es gesorgt. Wir können es nicht mehr sehen, wir können es nicht mehr rufen, wir können es nicht mehr hören, wir können es nicht mehr in unseren Arm nehmen. Gott, vergiß du dieses Kind nie. Möge es bei dir bleiben, da wir nicht bei ihm sein können. Hab du es lieb. Amen.[27]

4. Der Begleiter, den ich brauche

Es ist nicht gut, daß der Mensch allein ist. Schon gar nicht in Tagen der Trauer. Es tut mir gut, wenn ich Mitgefühl und Anteilnahme spüre. Wohlgemerkt Mitgefühl, nicht Mitleid! Mitleid kommt immer von oben herunter und macht mich ganz klein. Ich komme mir dann vor wie ein Gegenstand. Mitgefühl hingegen steht neben mir und achtet mich in meinem Personsein.

Es tut mir gut, wenn Freunde und Verwandte anrufen und mir sagen: Wir denken an Dich! Es tut mir gut, wenn Nachbarn kommen und mir kleine Verrichtungen abnehmen, die mir selbst noch sehr schwer fallen. Wenn sie an Dinge denken, die erledigt werden müssen, die aber für mich weit weg sind. Solche Zeichen der Nähe und Verbundenheit tun mir gut.

Darüber hinaus brauche ich in dieser Zeit Menschen, die mir zuhören wollen, brauche Menschen, die mich begleiten, vielleicht einen Seelsorger. Er müßte nicht viel reden, sondern einfach dasein und hören. Oft genug wird es aus mir herausfließen. Dann wieder brauche ich eine Aufmunterung, von dem zu erzählen, was geschehen ist, was ich erlebt habe. Ich muß es wieder und wieder erzählen dürfen, bis ich es mir von der Seele geredet habe.

Ich weiß, ich mache es meinem Zuhörer nicht immer leicht. Manchmal muß er den Eindruck gewinnen, so fürchte ich, ich wisse selbst nicht, was ich wolle. So ist es ja auch. Ich bin launisch, ich bin sprunghaft und unberechenbar, ich bin undankbar und durcheinander.

Im Vorübergehen fragt mein Nachbar,
wie es gehe,
er fragt nicht,
weil er mitgehen will.
Er fragt,
weil er weitergehen will.
Ich antworte es geht,
aber es geht nicht,
so nicht.[28]

Diese Verse beschreiben recht gut, wie es mir geht. Ich wünsche mir so sehr, daß ich nicht allein bleibe. Ich wünsche mir so sehr, daß jemand bei mir ist und mit mir geht. Jemand, dessen Zuwendung und Geduld ich spüre. Aber ich habe auch die Furcht in mir, ein Angebot könnte nicht ernst gemeint sein. Ich weiß, wie es sich anfühlt, wenn Worte zu Floskeln werden und Nähe ausbleibt. Nichts tut so weh wie enttäuschte Erwartungen! Nichts schmerzt so sehr wie betrogene Hoffnungen!

Ich brauche jemanden, der mit mir geht. Jemanden, der mir vermittelt, daß ich weinen darf, schluchzen darf, schreien darf, stammeln darf, schweigen darf. Er sollte sich anbieten, ohne sich aufzudrängen. Er müßte mir Zeit und Geduld geben, wissend, daß ich meiner Trauer nicht aus dem Weg gehen darf, aber auch, daß es nicht sinnvoll ist, sie zu beschleunigen und mit Gewalt voranzutreiben.

Ich werde auch dann etwas von seiner Treue spüren, wenn Seiten in mir hochkommen, vor denen ich selbst erschrecke. Mein Zorn, meine Enttäuschung, meine Erleichterung oder mein Neid. Was auch immer! Er wird auch dann noch *neben* mir sein und mir Mut machen, auch die dunklen Seiten anzunehmen und auszuhalten. Ich werde dann merken, daß auch diese Gefühle gar nicht mehr so sehr bedrohlich sind, gar nicht mehr so furchterregend, wie ich immer meinte, wenn sie in einer liebevollen Beziehung ausgesprochen werden können. Es sind Seiten, die *auch* zu mir gehören, und ich werde langsam lernen, mich ihnen freundlich zuzuwenden, nicht mehr so ängstlich und so mißtrauisch.

Mein Begleiter wird mir helfen, ein wenig Ordnung in das Chaos meiner Gefühle und Gedanken zu bringen. Er wird mir helfen, dieses und jenes zu sichten, zu klären, zu gliedern. Er wird mir dabei behilflich sein, in all dem Durcheinander den roten Faden zu entdecken, und er wird mich darauf aufmerksam machen, wenn ich meinen Gefühlen ausweiche. Ein kundiger Begleiter wird dabei besonders auf die Stellen achten, die weh tun. Er weiß, daß mein Weg nicht am Schmerz vorbei gehen wird, sondern nur durch den Schmerz hindurch.

Manchmal werde ich spüren, daß ihn meine Trauer nicht unberührt läßt. Ich sehe ihn bewegt oder betroffen oder erschüttert. Ich merke, wie nahe ihm meine Geschichte geht. Aber eigenartig: auch in dieser Anteilnahme liegt etwas, was sich fest und verläßlich anfühlt. Er ist einfach er selbst, und in dieser Offenheit finde ich etwas, dem ich vertrauen kann. Ich bekomme Mut, mich selbst zu öffnen und dem zu trauen, was in *mir* ist.

So werde ich langsam den Weg entdecken, der für mich gangbar ist, und es wird *mein* Weg werden. Ich werde ihn zunehmend eigenständig gehen können. Anfangs, da brauchte ich meinen Begleiter noch wie eine ständige Stütze, die mich davor bewahrte zu fallen. Dann war er für mich wie ein Geländer, das neben mir lief. Ich wußte, daß es da war und konnte danach greifen, wenn ich es brauchte. Jetzt habe ich dieses Geländer immer weniger nötig. Meine Schritte sind sicherer geworden. Ich spüre auch in mir einen Boden, der trägt. Und wenn es einmal ganz schwer wird, dann kann ich um Hilfe bitten. Ich werde einen Halt finden, nach dem ich greifen kann. So gehe ich meinen Weg, manchmal mit Angst, manchmal mit Zögern, aber mehr und mehr auch mit Zuversicht und Vertrauen.

Zur Besinnung

Ich möchte noch einmal auf die Gefühle zurückkommen
und Sie bitten, darüber nachzudenken und zu einigen hier
von mir genannten weitere Gefühle dazuzuschreiben:

Freude   Zorn
Eifersucht   Angst
Traurigkeit

Jetzt schauen Sie bitte noch einmal auf diese Liste und
überlegen sich: Mit welchem dieser Gefühle kann ich ganz
gut umgehen, d. h. ich nehme es in mir wahr und ich kann
es gut äußern? Und umgekehrt: Mit welchem Gefühl habe
ich Schwierigkeiten? Ich spüre es schon kaum, und wenn
ich es spüre, dann fällt es mir schwer, es zu äußern.
Ein Beispiel: Mit der Freude kann ich sehr gut umgehen.
Ich kann mich herzlich freuen, und ich kann meiner
Freude gut Ausdruck geben. Dagegen tue ich mich mit
meinem Ärger sehr schwer. Entweder explodiere ich oder
ich schlucke alles in mich hinein.
Jetzt bitte zu Ihren Gefühlen. Sie haben einige benannt,
mit denen Sie sich wohlfühlen und andere, mit denen es
Ihnen nicht so gut geht.
Bleiben Sie bei den »schwierigeren« Gefühlen, denn hier
liegen Ihre Lernpunkte. Dabei wird allerdings Ihre Einstel-
lung wichtig. Sie können Ihre schwachen Stellen wie
schwere Gewichte ansehen, die Sie durchs Leben ziehen
müssen. Dann wird es tatsächlich schwer! Sie haben aber
auch die Möglichkeit, sie als Lernpunkte zu sehen. Also
nicht: »Schlimm, daß ich meinen Ärger immer in mich
hineinschlucke. Ich tauge einfach nichts!«, sondern »Ich
möchte lernen, mit meinem Ärger besser umzugehen. Ich
möchte lernen, ihn in eine Beziehung einzubringen!«
Vielleicht haben Sie Lust, sich jetzt für einen Lernpunkt zu
entscheiden. Bitte machen Sie daraus kein »großes Pro-
gramm«, sondern gehen Sie so entspannt wie möglich an
dieses Lernen, mit der Haltung: Mal sehen, wie es mir gehen wird. Mal sehen, welche Fortschritte ich mache.

Gott,
gib mir die Gelassenheit,
die Dinge anzunehmen,
die ich nicht ändern kann;
den Mut,
die Dinge zu ändern,
die ich ändern kann,
und die Weisheit,
das eine vom anderen
zu unterscheiden.

Friedrich Christoph Oetinger; 1702–1782

IV Gestaltetes Leid – Verstummtes Leid

1. Trauerriten

Der Mensch der Bibel, besonders der des Alten Testamentes, kennt eine Fülle von Riten, die ihm helfen, seinem Schmerz Ausdruck zu verleihen und seiner Trauer eine Form zu geben. Ein Bericht aus dem 2. Samuelbuch mag das veranschaulichen. Dort wird erzählt, wie David die Nachricht vom Tode des Königs Saul und dessen Sohn Jonathan erhält, und dann heißt es:

1,11: Da faßte David seine Kleider und zerriß sie, und ebenso taten alle Männer, die bei ihm waren.
1,12: Und sie hielten Totenklage und weinten und fasteten bis zum Abend um Saul und seinen Sohn Jonathan.

Diese Zeilen enthalten wohl die bekanntesten Trauerbräuche. Daneben gibt es eine Vielzahl weiterer Gesten, die entweder für sich allein oder in unterschiedlicher Zusammensetzung vollzogen wurden. Insgesamt lassen sich drei Gruppen erkennen. Da sind zunächst Riten, die die *Kleidung* des Trauernden betreffen: Er zerreißt seine Kleider, er legt sein Kopfband ab, zieht seine Schuhe aus, er hüllt sich in ein Trauertuch. Dann, zweitens, Riten, die am eigenen *Leib* vollzogen werden: der Trauernde rauft sich das Haupthaar und läßt es wirr hängen; er schert es ganz ab; er schneidet sich eine Glatze; er stutzt den Bart; er verhüllt seinen Kopf; er wirft Staub auf sein Haupt; er fastet; er verzichtet auf die Salbung mit Öl; er schlägt sich auf die Brust und ritzt sich die Haut auf. Schließlich, drittens, Riten, die sich in einer bestimmten *Körperhaltung* ausdrücken: Der Trauernde setzt sich oder legt sich auf den Boden, er sitzt oder wälzt sich im Staub.

Deutlich wird wohl: Der Mensch der Bibel, der sich immer auch sehr stark als begrenzter Mensch empfindet, kann diese Grenze auch bewußt erleben. Ja, er vermag sie anzunehmen und zu gestalten. Im Gegensatz dazu scheint der moderne Mensch, zumindest der Mensch der westlichen Zivilisation, der sich unbegrenzt und allmächtig empfindet, verlegen, sprachlos, stumm zu werden, wenn ihn seine Grenzen einholen.

Eines der ganz deprimierenden Bilder aus der Welt des modernen Krankenhauses sieht für mich so aus: Ein langer, grauer Gang in einer Intensivstation. Neonlicht. Glänzender Boden. Endlos geputzt und poliert. Links und rechts Türen, die zu den Stationsräumen führen. Am Ende des Ganges eine Gruppe von Menschen. Schwarze Kleider, Trauernde. Sie warten darauf, den Toten noch einmal zu sehen. Sie sind allein. Niemand, der mit ihnen wartet. Niemand, der zu ihnen spricht, bei ihnen steht. Niemand, der ihnen einen Stuhl anbietet oder ein Taschentuch reicht. Oder gar den Arm um ihre Schulter legt. Ab und zu fliegt eine Tür auf. Jemand überquert den Gang. Für einen Moment Musik, Geräusch, Gelächter. Dann sind die Türen wieder geschlossen. Stille. Das Hochleistungssystem Intensivstation, ansonsten nach dem neuesten Stand der medizinischen Wissenschaft ausdifferenziert und durchperfektioniert, an dieser Stelle ist es nicht einmal mehr präsent. Es hat sich entschuldigt, verborgen, hinter all die blinkenden Apparate zurückgezogen, die auch jetzt noch das Gefühl der Allmacht aufrechterhalten.

misere

als der läufer zusammenbrach,
standen die trainer ratlos.
sie hatten alles trainiert,
nur nicht die niederlage.[29]

Wie gehen wir mit der Niederlagenseite des Lebens um, mit der Schattenseite, wie gehen wir mit der Erfahrung von Grenze um? Können wir sie annehmen und hineinnehmen in unser Leben? Hier könnte ja auch etwas wachsen und entstehen, etwas wie Mitgefühl, Nähe, Kreativität. Hier könnten wieder Zeichen und Riten aufblühen, die unserem Leid eine Gestalt geben und es so ausdrücken, aber auch eingrenzen, so daß wir es bearbeiten können. In unserer Zeit scheint das Leid formlos zu zerfließen und unbewältigt zu versickern, um dann als allgemeine Unlust und Verstimmtheit wiederzukehren.

So sind uns nur wenige Trauerriten geblieben, und auch ihre Bedeutung nimmt weiter ab. Zu ihnen gehören die Aussegnungsfeier, ein kurzer Gottesdienst, ehe der Leichnam das Haus verläßt, dann der Leichenschmaus nach der

Beerdigung, dann vor allem die Trauerkleidung und das Trauerjahr.

Den Verfall der traditionellen Trauerbräuche, ja mehr noch, die Verweigerung und Abschaffung der Trauer selbst, hält Philippe Ariès in seiner groß angelegten »Geschichte des Todes« für ein herausragendes Merkmal unserer Zeit. Er schreibt:

»Die Trauerzeit ist nicht mehr die des Schweigens des Leidtragenden in einer gehetzten und indiskreten Gesellschaft, sondern die des Schweigens der Gesellschaft selbst: das Telephon klingelt nicht mehr; die Leute meiden einen. Der Leidtragende ist in einer Art Quarantäne isoliert.«[30]

Freilich, der Ruf nach einer Rückkehr zu den alten Riten ist noch nicht ein Schritt nach vorn. Die reine Wiederaufnahme von Bräuchen, die offenkundig ihres Sinnes entleert sind, führt nicht zu einer Bereicherung. Wichtiger ist, dem nachzuspüren, was aus unserer Zeit heraus wachsen will. Verheißungsvoll scheint mir vor allem die Wiederentdeckung der *leiblichen* Dimension unseres Daseins. Hier meldet sich eine Sehnsucht nach Ganzsein, nach ganzheitlichem Erleben an, die an die Leiblichkeit des Alten Testamentes erinnert.

Sich auch in der Trauer seines Körpers bewußt zu werden, ihm nachzugeben, mit ihm befreundet zu sein, die Anspannungen zu lösen und die verborgenen Kräfte zu befreien, sich *ganz*, d. h. auch körperlich auf Gott hin zu öffnen, – hier könnten hilfreiche Angebote für unsere Zeit entstehen. Der folgende Text führt in diese Richtung. Er ist Gebet und Übung der Entspannung zugleich. Bitte achten Sie vor allem auf die Körpersprache in diesen Zeilen.

Zu Dir habe ich gerufen

Zu Dir habe ich gerufen, Herr,
mit all meinen Kräften
des Körpers, des Geistes und der Seele.

Ich habe mich ganz gesammelt,
um mich Dir entgegenzuwerfen,
um mich an Dich zu klammern.

Ich habe Dich angefleht: Entreiße mich meiner Trauer
wandle sie in Freude,
denn Du bist die Freude,
und wer Dir nahe ist, muß nicht traurig sein.

Ich habe zu Dir gesagt: »Mache aus mir, was Du willst,
Du hast alle Rechte, gebrauche sie,
inständig bitte ich Dich darum.«
Und Du bist gekommen, Du hast mich gewiegt
wie ein Kind.
Du hast mich an Dich gedrückt,
und ich bin ruhig geworden.
Mein Gesicht hat sich entspannt,
ohne Widerstand habe ich mich auf den Rücken gelegt,
und Du hast meine Seele besucht.

Ich fühlte, wie sich innen ein Lächeln ausbreitete
in meinem ganzen Sein.
Du warst da, gegenwärtig,
ganz für mich da.
Du hast meine Wunden geheilt,
Du hast meine Tränen gesammelt,
die mein Fleisch gereinigt und befruchtet haben.

Wie gerne hätte ich so verweilt,
reglos, Dich nicht zu verlieren,
und anschwellen sollte der Lobgesang,
der meinem ganzen Sein entsprang.

Ein Gesang süß wie Deine Zärtlichkeit und stark wie Dein Zorn,
wie ein Hauch und wie ein Wirbelsturm,
Sein Duft so fein, daß man ihn kaum empfand
und doch so stark, daß er mich völlig durchdrang.

Wie sanft und stark ist Deine Gegenwart,
wenn meine Seele, zerrissen, Dich ruft.[31]

Hier ist es wieder da: Gestaltetes Leid. Trauer, die sich
äußern darf, die sich im Leib darstellen darf, Trauer, die
er-lebt wird. So entsteht auch Raum für das andere. Trost,
Gewißheit und Freude strömen gleichsam in das offene Ge-
fäß. Die Nähe Gottes wird nicht nur ausgesprochen und
zugesprochen, sondern ganz unmittelbar erfahren. Ob hier
neue Ansätze und Formen für unser Trauern und Mittrauern liegen?

2. Die Klage, Sprache der Trauer

Etwas von diesem Kontrast, hier eine Verarmung und dort
ein Reichtum an Ausdrucksmöglichkeiten, läßt sich auch
an einer anderen Stelle aufweisen. Auch der Mensch der
Bibel kennt die Erfahrung, sich nicht mehr mitteilen zu

können: »Ich bin verstummt und still und schweige fern der Freude und fresse mein Leid in mich hinein« (Psalm 39,3). Dennoch bleibt diese Erfahrung eher punktuell. Denn der Mensch der Bibel versteht sich nicht nur als begrenzter Mensch, er begreift sich auch so sehr im Gegenüber zu seinem Gott, daß er diese Stille, in der es ihm die Sprache verschlägt, gar nicht durchhalten kann. Über kurz oder lang öffnen sich seine Lippen, und sein Leid fließt aus ihm heraus. In der *Klage* des Alten Testamentes hat sich dieses Heraussprechen eine eigene Form geschaffen. Sie ist Sprache gewordene Trauer. Auf eine einzigartige Weise zeugt sie von der Fähigkeit des Menschen, sich im Leid noch mitteilen zu können, sich in der Trauer noch zum Leben hinwenden zu können.

Hören wir einmal in eine solche Klage hinein. Achten wir dabei darauf, wie es sich hier aufbaut und auftürmt, wie es herausbricht und sich in immer wieder neuen Bildern losläßt, achten wir auf die Nähe und Vertrautheit, die bei aller Verzweiflung und Dunkelheit auch da sind, achten wir auf die ungebrochene Kraft und Poesie dieser Verse:

1: Ein Gebet für den Elenden, wenn er verzagt ist und seine Klage vor dem Herrn ausschüttet.
2: Herr, höre mein Gebet und laß mein Schreien zu dir kommen!
3: Verbirg dein Antlitz nicht vor mir in der Not, neige deine Ohren zu mir; wenn ich dich anrufe, so erhöre mich bald!
4: Denn meine Tage sind vergangen wie ein Rauch, und meine Gebeine sind verbrannt wie von Feuer.
5: Mein Herz ist geschlagen und verdorrt wie Gras, daß ich sogar vergesse, mein Brot zu essen.
6: Mein Gebein klebt an meiner Haut vor Heulen und Seufzen.
7: Ich bin wie die Eule in der Einöde, wie das Käuzchen in den Trümmern.
8: Ich wache und klage wie ein einsamer Vogel auf dem Dache.
9: Täglich schmähen mich meine Feinde, und die mich verspotten, fluchen mit meinem Namen.
10: Denn ich esse Asche wie Brot und mische meinen Trank mit Tränen
11: vor deinem Drohen und Zorn, weil du mich hochgehoben und zu Boden geworfen hast.
12: Meine Tage sind dahin wie ein Schatten, und ich verdorre wie Gras . . .
Psalm 102

Dabei zeigt der Aufbau der Klagepsalmen noch etwas von einer ganzheitlichen Sicht des Menschen. Alle Bereiche seines Lebens sind bedroht. Er ist in seiner Leiblichkeit betroffen, in seinem seelischen Erleben, in seinen sozialen Bindungen. Im Klageteil spiegeln sich diese Aspekte wider. Sie enthalten die Anklage Gottes (Vers 11), die sogenannte Feindklage (Vers 9) und die Ich-Klage (Verse 4–8. 10. 12). Das Menschsein als Ganzes kommt hier zu Wort.

Dahinter steht das Vertrauen, daß Gott die Trauer eines Menschen erträgt, ja, daß er sie annimmt. Der Mensch darf seine Trauer aus seinem Innersten herausbringen, ausschütten (Vers 1), und Gott läßt das zu. Er darf hadern, zweifeln, fragen, weinen, klagen, schreien.

In seiner Klage hält Hiob – und das ist wohl das Äußerste an Verzweiflung und Einsamkeit – an einem Gott fest, den er nicht mehr versteht. Ja, vor seinen Freunden kann er dieses Zuhören, das er von Gott her kennt, einklagen: »Hört doch meiner Rede zu, und laßt mir das eure Tröstung sein« (Hiob 21, 2 f).

So gehört die Klage ganz selbstverständlich zum menschlichen Leben. Sie wendet sich an einen Gott der hört, der zerbrochene Herzen heilen kann, der Tränen trocknet und Leid zu wenden vermag. Es muß nachdenklich stimmen, daß die Klage heute aus der Sprache des Glaubens weithin verschwunden ist. Claus Westermann, einer der Alttestamentler, der sich wohl am intensivsten mit diesem Problem beschäftigt hat, schreibt:

»Im Alten wie im Neuen Testament gehört die Klage ganz selbstverständlich zur menschlichen Existenz; im Psalter ist die Klage ein wichtiger, gar nicht weg zu denkender Bestandteil des Gottesdienstes und der gottesdienstlichen Sprache. Es gibt im Alten Testament nicht einen einzigen Satz, der dem Menschen die Klage verwehrte oder der zum Ausdruck brächte, daß die Klage im rechten, heilen Gottesverhältnis keinen Raum hätte. Aber auch im Neuen Testament wüßte ich keinen Zusammenhang, der dem Christen die Klage verwehrte oder der zum Ausdruck brächte, daß der Glaube an Christus die Klage aus dem Gottesverhältnis ausschlösse.«[32]

Es ist, als ob wir um eine ganz wichtige Äußerungsmöglichkeit unseres Glaubens ärmer geworden sind. Anders gesagt: Es lohnt sich, eine biblische Tradition, die Klage, wiederzuentdecken und uns anzueignen und damit unserer Trauer die »Würde der Sprache« (Westermann) zurückzugeben.

Neue Ansätze kommen bezeichnenderweise aus den Ländern der Dritten Welt. Aus der politischen Unterdrückung heraus erhebt sich die Klage der Gequälten. In seinen Lateinamerikanischen Psalmen geht Ernesto Cardenal zu den Versen des Alten Testamentes zurück und füllt sie mit seinen Erfahrungen.

Psalm 17

Höre, Herr, meine gerechte Sache,
hör meine Klage,
hör mein Gebet,
ich meine es ehrlich.
Von Dir will ich gerichtet werden
und nicht von ihren Tribunalen.
Wenn Du mich des Nachts verhörst bei Scheinwerferlicht,
mit Deinem Lügendetektor,
wirst Du kein Verbrechen in mir finden.
Ich plappere nicht nach, was die Radios sagen,
noch ihre politische Propaganda.
Ich achte auf Deine –
nicht auf ihre Worte.

Ich rufe zu Dir,
weil Du – Gott –
mich hören mußt!

Hör mein Wort,
Du, der Anwalt aller Verschleppten,
Verteidiger der vom Kriegsgericht Verurteilten,
Helfer der Gefangenen in den Konzentrationslagern,
behüte mich wie Deinen Augapfel,
verbirg mich unter Deinen Flügeln,
befreie mich von dem Diktator
und der Mafia der Gangster.

Auf uns sind ihre Maschinengewehre gerichtet,
Geschrei des Hasses keilt uns ein.
Spitzel umschleichen mein Haus,
und des Nachts beschattet mich Geheimpolizei,
ich bin von Gangstern eingekreist.
Erhebe Dich, Herr,
tritt ihnen entgegen,
schlag sie zu Boden.

Entreiße mich den Klauen der Banken.
Deine Hand, Herr, bewahre mich vor den Geschäftsleuten
und den Mitgliedern der exklusiven Klubs,
bewahre mich vor denen, die nie genug bekommen können,
deren Kühlschränke vollgestopft
und deren Tische überladen sind,
die ihre Hunde mit Kaviar füttern.

Wir haben keinen Zutritt zu ihren Klubs,
aber Du wirst uns sättigen,
noch ehe die Nacht vergeht.[33]

Vielleicht machen uns solche Beispiele Mut, die eigene
Sprachlosigkeit zu überwinden. Dabei weist die Klage ja
nur auf die eine Seite menschlicher Wirklichkeit hin. Zum
Menschsein gehört auch das andere, die Freude. Und beides
findet sich überschwenglich in der Bibel. Sie bestätigt: Wer
intensiv trauern kann, der kann sich auch intensiv freuen.
Wo gezagt werden kann, da kann auch gehofft werden. Wo
viel Klage ist, da ist auch viel Lob. Die Phantasie zum einen
und die Phantasie zum anderen bedingen einander. So
mündet die Klage fast durchweg in ein Bekenntnis der Zuversicht und in ein Lob Gottes. Wo viel Reichtum nach der
einen Seite ist, ist auch viel Reichtum nach der anderen.
Vielleicht haben Sie Lust, auch dafür ein Beispiel zu erleben. Dann schlagen Sie doch bitte Ihre Bibel auf und gehen
zum 104. Psalm. Lassen Sie sich mitnehmen von der Fest-
lichkeit der Freude, der Schwester der Trauer, lauschen Sie
der Fülle des Lebens, die sich überbordend mitteilt. Auch
dort besticht die Unmittelbarkeit des Erlebens, die Meisterschaft im Ausdruck. Dieses Leben kennt Tiefen, so gut
wie es Höhen kennt, aber es bleibt auch in der Tiefe unbeschädigt. Es kennt die dunklen Seiten neben den hellen,
aber es ist auch in der Dunkelheit nicht entfremdet. Es
kennt das Vorläufige, das Bruchstückhafte, das Unvollen-
dete, aber es empfindet sich dabei nicht als zerstückelt. Es
bleibt ganz, weil es sich immer auf Gott beziehen und von
ihm her verstehen kann. Auf ihn laufen alle diese unterschiedlichen Linien zu, Freude und Trauer, Fasten und Feiern, Leben und Sterben, Klage und Lob. Dieses Leben kann
sich, ja muß sich äußern, nach außen hin mitteilen und
gestalten, weil es nur so mit seinem Ursprung in Verbindung bleiben kann.

3. Selig, die sich zu ihrem Leid bekennen

Der Psalter war das Gebetbuch Jesu. So überrascht es nicht,
daß wir ihn noch ganz in dieser Tradition sehen: Er kann

loben und klagen, er kennt die Angst und hat Vertrauen. Er kann sich freuen, er kann trauern. Beispiele:

Jerusalem. Die Stadt war die Hoffnung Jahrhunderte alter Verheißungen. Sie sollte einmal die Stadt Gottes werden. Aber was ist aus dieser Stadt geworden? Jesus nähert sich ihr, so wird erzählt, sieht sie und weint (Lukas 19, 41–44). Trauer über zerbrochene Hoffnungen.

Die Leidensgeschichte. Jesus geht nach Gethsemane und beginnt zu trauern und zu zagen (»Meine Seele ist betrübt bis an den Tod . . .« (Matthäus 26, 37 f). Er fällt auf sein Angesicht – das Lukasevangelium erzählt, daß sein Schweiß »wie Blutstropfen auf die Erde fiel« – und ringt mit seinem Vater: »Nimm doch diesen Kelch von mir . . .«

Die Jünger. In seiner Trauer will Jesus nicht allein bleiben. Herzlich verlangt es ihn, mit seinen Freunden das Osterlamm zu essen (Lukas 22, 14 ff). Er nimmt sie mit an den Ölberg. Es ist bewegend zu lesen, wie sie immer wieder einschlafen, während er betet. Verstehen sie denn nicht? »Könnt ihr denn nicht *eine* Stunde mit mir wachen?« (Matthäus 26, 40).

Das Kreuz. Der Sterbende nimmt die Klageworte der Väter auf – sie waren ihm ja von Kindheit auf vertraut – und betet den 22. Psalm: »Mein Gott, mein Gott, warum hast du mich verlassen . . .«. Es ist ein Aufschrei der Verzweiflung. Gleichermaßen ergreifend in seiner Not wie in seiner Sehnsucht nach einem Gott, der entschwunden ist. Warum?

In all dem erleben wir bei Jesus eine noch viel innigere Vertrautheit mit Gott, als sie das Alte Testament kannte. In den Psalmen war Gott bei aller Nähe immer auch der hohe, der erhabene, der jenseitige. Bei aller Offenheit blieb die Entfernung zu ihm. Wenn Jesus von Gott redet – Abba, lieber Vater – dann ist das der *nahe* Gott. Da ist eine Wärme, eine Herzlichkeit, eine Fürsorge, eine Großzügigkeit, ja, eine Mütterlichkeit, die keine Parallele hat. Dieser Gott lädt zu Vertrauen ein. Mit ihm kann ich reden wie mit einem guten Freund, der weiß, was ich brauche.

So klingt die zweite Seligpreisung aus der Bergpredigt wie eine Zusammenfassung all dessen, was zum Thema Trauer zu sagen ist: »Selig sind, die da Leid tragen, denn sie sollen getröstet werden« (Matthäus 5,4). Dabei klingt Luthers

Übersetzung sehr verinnerlicht. Das griechische Wort dieser Seligpreisung weist auf den Schmerz hin, der hinausgeweint, hinausgerufen, hinausgeschrieen wird. Gott rührt dieses Leid. Er nimmt sich dieses Schmerzes an. Er schenkt uns die Trostkräfte, die wir brauchen. Die Passivform entspricht der frommen jüdischen Art, den Namen Gottes zu umhüllen und zu umschreiben. Selig, die sich zu ihrem Leid bekennen, die ihr Leid klagend hinausschreien, Gott wird sie trösten.

Jesus hat diesen Trost gelebt. Jede Seite des Neuen Testamentes erzählt davon. Niemals weist er die Klage derer zurück, die in Not sind. Niemals bleibt der Schrei nach Erbarmen ohne Antwort. Er heilt, hilft, vergibt, tröstet, schenkt Gemeinschaft und stiftet Leben.

Für manche Menschen liegt hier allerdings ein Problem. Sie meinen, ihr Glaube verbiete es ihnen zu trauern. Für den Christen, so heißt es dann mit einem Hinweis auf die Auferstehung, gäbe es ja kein endgültiges Verlieren, folglich auch keine Trauer. Dies ist natürlich Unsinn. An keiner Stelle des Neuen Testamentes wird Auferstehung als eine Wiederherstellung unseres jetzigen Lebens gesehen, als eine Wiederaufnahme unserer jetzigen Beziehungen. Das große Auferstehungskapitel im 1. Korintherbrief verwehrt sich ausdrücklich gegen solche »närrischen« Spekulationen (vgl. 1. Korinther 15, 35 ff). Nur so kann Paulus auf die Anfrage, ob denn eine Witwe wieder heiraten dürfe, antworten: »Eine Frau ist gebunden, solange ihr Mann lebt; wenn aber ihr Mann entschläft, ist sie frei, zu heiraten, welchen sie will, nur daß es in dem Herrn geschehe« (1. Korinther 7, 39).

Noch deutlicher wird es an einer anderen Stelle des Neuen Testamentes. Die Anhänger des Johannes, so wird berichtet, kommen zu Jesus und fragen ihn: »Warum fasten wir und die Pharisäer, und deine Jünger fasten nicht?« Darauf antwortet Jesus – und verwendet dabei das gleiche Wort wie in der zweiten Seligpreisung der Bergpredigt –: »Wie können die Hochzeitleute Leid tragen, solange der Bräutigam bei ihnen ist? Es wird aber die Zeit kommen, daß der Bräutigam von ihnen genommen wird; alsdann werden sie fasten« (Matthäus 9, 14 f).

Es bleibt dabei: Selig sind, die sich zu ihrem Leid bekennen.

Es bleibt bei der Ermutigung zur Trauer und zum Mittrauern: »Freuet euch mit den Fröhlichen und weinet mit den Weinenden« (Röm. 12, 15).

4. Am Schmerz vorbei?

Das Zurückgehen der Trauerbräuche, der Verlust der Klage, die Sprachlosigkeit angesichts des Leides kommen nicht von ungefähr. Schon in den Briefen des Neuen Testamentes werden andere Stimmen laut. Es mehren sich die Mahnungen zur Geduld, zum Tragen, zum Durchhalten, zum demütigen Sich-fügen. Zorn und Trauer um das Verlorene beginnen zu verstummen.

Der Grund für diese Entwicklung liegt zunächst einmal in der großen Hoffnung auf eine baldige Wiederkunft Christi. Eine Generation, die Christus wiedererwartet, muß sich nicht – mit modernen Worten ausgedrückt – der so langwierigen und schmerzlichen Aufgabe der Trauerarbeit unterziehen. Die Erlösung steht ja unmittelbar bevor. »Ich bin überzeugt,« schreibt der Apostel Paulus an die Römer, »daß die Leiden der gegenwärtigen Zeit nichts bedeuten im Vergleich zu der Herrlichkeit, die an uns offenbar werden soll« (Römer 8, 18).

Daneben machen sich allmählich auch Einflüsse griechischen Denkens bemerkbar. Hier ist es vor allem die Philosophenschule der *Stoa*, die prägend wirkt. Mut, Unerschütterlichkeit und Selbstbeherrschung gehören zu den Tugenden stoischer Ethik. Ihr Ziel liegt in der Überwindung der Affekte. Die Seele muß von allen Leidenschaften frei sein. Trauer und Schmerz sollen erst gar nicht zu Gefühlsaufwallungen führen. Nur die Toren, die Barbaren, die Ungebildeten, die Frauen lassen sich davon beeindrucken. Den wahrhaft Freien, den Weisen, kann nichts in der Welt erschüttern. Er steht jenseits von Glück und Unglück, jenseits von Freude und Leid. Er bleibt davon unberührbar.

So beginnt eine Entwicklung, die von der unmittelbaren Erfahrung wegführt und sich dafür der gedanklichen Verarbeitung zuwendet. Nicht mehr das *Wie* des Erlebens steht im Vordergrund, sondern das *Warum*. Werden Schmerz,

Trauer und Verzweiflung nicht erträglicher, wenn es einen größeren Sinnzusammenhang gibt, in dem das eigene Leid einen Platz findet? Solche Fragen tauchen schon an den Rändern der Bibel auf, mischen sich mit philosophischen Gedanken und volkstümlichen Vorstellungen. Vielleicht erkennen Sie einige Antworten wieder.

Gott will mich mit meinem Leiden *prüfen*. Mein Glaube, meine Standhaftigkeit, meine Treue soll sich bewähren, und ich habe das Leid geduldig zu tragen. Hier werden oft Sätze aus dem Hiobbuch zitiert, vor allem das Wort: »Der Herr hat's gegeben, der Herr hat's genommen, der Name des Herrn sei gelobt« (Hiob 1, 21). Dabei wird übersehen, wie Hiob über dieses Wort selbst hinauswächst, wie er zum Zweifler, zum Haderer, zum Rebell wird, der gegen dieses »verfluchte Leben« protestiert. Und es ist *dieser* Hiob, der von Gott gerechtfertigt wird, während seine Freunde, die erklären und entschuldigen und beschwichtigen sich sagen lassen müssen: »Ihr habt nicht recht von mir geredet, wie mein Knecht Hiob (Hiob 42,8).

Gott will mich mit meinem Leid *erziehen*. Der Hebräerbrief nimmt einen ähnlichen Gedanken aus den Sprüchen Salomos auf – wen der Herr liebt, den züchtigt er – und sagt: »Gott erzieht euch, wenn ihr dulden müßt.« Ich habe dieses Wort einmal aus dem Munde eines jungen Mannes gehört, der in einem Unfall ein Auge verloren hatte. Er sei bisher ein »Heißsporn« gewesen, meinte er und habe jetzt gelernt, daß er ruhiger, gesetzter, reifer werden müsse. Mich selbst hat dieser Gedanke zutiefst erschreckt. Sollte das der Vater Jesu Christi sein, der einem Jugendlichen das Augenlicht nimmt, um ihn zu erziehen?

Gott will mich mit meinem Leiden *strafen*. Die Frage des Trauernden heißt hier: Womit habe ich das verdient? Was habe ich falsch gemacht? Was habe ich versäumt? Es muß doch einen Grund geben! Dieser Zusammenhang von Sünde und Leid spielt tatsächlich im Alten Testament eine Rolle. Dieses Denken schlägt sich dann auch im Neuen Testament nieder, findet allerdings dort eine klare Korrektur: Jesus, so wird erzählt, trifft einen Blinden. Seine Jünger fragen ihn – ganz im Sinne der alttestamentlichen Tradition –: »Meister, wer hat gesündigt, dieser oder seine Eltern?« Daraufhin Jesus: »Es hat weder dieser gesündigt, noch seine Eltern, sondern es sollen die Werke Gottes offenbar werden an ihm« (Johannes 9, 1–3; vgl. auch Lukas 13, 1–5).

All diese Antwortversuche gehen von einem Gottesbild aus, in dem richtende, strafende, ja sadistische Züge vorherrschen. Das ist nicht der »Liebhaber des Lebens« (Weisheit Salomons 11, 26), der uns in Jesus begegnet, nicht der Freund des Menschen, der unser Glück will, das ist der Gott der »Schwarzen Pädagogik« (Katharina Rutschky), ein neidischer, willkürlicher, mißtrauischer, despotischer Gott. Bei ihm kann das Leid tatsächlich bagatellisiert werden, so als sei es zu Prüfungszwecken, zu Erziehungszwecken oder zu Vergeltungszwecken annehmbar. Im scharfen Gegensatz dazu hält das Neue Testament das Leid für völlig inakzeptabel. Das ist die einhellige Botschaft aller Wundergeschichten, Auferweckungsgeschichten, Speisungsgeschichten, aller Erzählungen, die Jesus im Umgang mit diskriminierten Menschen zeigen. Zur Welt Gottes gehört die Überwindung des Leides, die Erlösung von dem Bösen.

Seelisch gesehen führen diese Erklärungsversuche zu nichts als Selbstquälerei. Die Gedanken drehen sich im Kreis, bleiben im Zweifel stecken, finden keine Lösung, keine Befreiung und verführen zu einem oberflächlichen Einverständnis mit dem Leid, zu einem vordergründigen Sich-fügen, zu einem traurigen Erdulden.

Das entscheidende Problem liegt darin, daß der ganze Gefühlsbereich ausgeklammert bleibt. Es kann aber kein Wachstum geben, wenn unsere Gefühle nicht mit einbezogen werden. Es gibt keine Heilung, die am Schmerz vorbeigeht, es gibt keine Versöhnung, wenn die Trauerarbeit vermieden wird. Trost gibt es nur *durch* die Trauer *hindurch*, so wie es Ostern nur durch den Karfreitag hindurch gibt und Auferstehung nur durch den Tod hindurch.

Zur Besinnung

Wieder möchte ich Sie bitten, einzuhalten. Ich schlage Ihnen vor, einmal zu überprüfen, was Ihr Glaube für Ihre Trauer bedeutet.

Erleichtert er Ihre Trauer oder macht er sie schwerer? Ermöglicht oder behindert er sie?

Welche Bibelworte fallen Ihnen in Ihrer Trauer ein? Bibelworte, die Ihren Schmerz aufnehmen? Bibelworte, die Ihre Sehnsucht ansprechen?

Noch einen Schritt weiter: Überlegen Sie doch bitte einmal, wie Sie beten. Was kommt in Ihren Gebeten vor, und was kommt nicht vor? Was sprechen Sie an, und was vermeiden Sie?

Versuchen Sie doch einmal ein Gebet, dessen Sätze mit den Worten beginnen »Es tut mir weh . . .« oder »Es macht mich zornig . . .« oder »Es bekümmert mich . . .« Spüren Sie dann dieser Erfahrung nach. Wie fühlt sie sich an? Wie geht es Ihnen damit?

Prüfen Sie dann bitte, ob Sie auch eine andere Seite benennen können. Ein Gebet, das mit den Worten beginnt »Es tut mir gut . . .« oder »Es macht mich froh . . .« oder »Es ist schön . . .«

Welche Erfahrungen machen Sie jetzt? Wie geht es Ihnen mit diesen Worten? Wird Ihr Beten, wie ich annehme, frischer, wärmer, lebendiger, farbiger, wenn Sie Ihre Gefühle, Ihre Trauer und Ihren Zorn und Ihre Freude und Ihr Glück mit einbeziehen?

Ein jegliches hat seine Zeit,
und alles Vorhaben
unter dem Himmel hat seine Stunde ...

Weinen hat seine Zeit,
lachen hat seine Zeit;

klagen hat seine Zeit,
tanzen hat seine Zeit;

Steine wegwerfen hat seine Zeit,
Steine sammeln hat seine Zeit;

herzen hat seine Zeit, und auf-
hören zu herzen hat seine Zeit;

suchen hat seine Zeit,
verlieren hat seine Zeit;

behalten hat seine Zeit,
weggeben hat seine Zeit ...

Prediger Salomo 3, 1.4–6

V Trauern lernen – Leben lernen

1. Wenn die Trauer krank wird

Trauer ist keine Krankheit! Mit all ihrem Schmerz, ihrer Zerrissenheit, ihrem Leid ist sie – wie schon oft betont – eine ganz normale seelische Reaktion auf einen erlittenen Verlust. Dabei hat sie einen Anfang und ein Ende, und dieser Weg will mit seinen verschiedenen Etappen durchschritten werden. Wieviel Zeit dies in Anspruch nimmt, das mag sehr unterschiedlich sein. Das traditionelle Trauerjahr mit seinem Kommen und Gehen, mit seinem Blühen und Verwelken, mit seinem Auf und Ab, mit seiner eigenen Zeichenhaftigkeit an Geborenwerden und Sterben mag ein hilfreiches Richtmaß sein. Aber ganz gewiß gibt es auch noch im darauffolgenden Jahr Zeiten der Traurigkeit und Niedergeschlagenheit.

Nun geschieht es manchmal, daß der Weg, den die Trauer geht, nicht zu einem guten Ende führt. Ein sehr anschauliches Beispiel schildert das Märchen

Die Ehegatten

Es waren einmal ein Mann und eine Frau, die lebten in Frieden und Eintracht miteinander und hatten sich so gern, wie es besser nicht möglich war. Als sie so lebten, redeten sie einmal miteinander, und der Mann sagte zu der Frau: »Wenn ich sterbe, wirst du dir einen anderen Mann nehmen.« Und die Frau sagte darauf: »Und du nimmst dir sicher eine andere Frau, du bleibst nicht ledig.« Aber einer glaubte dem anderen nicht. Dann machten sie miteinander aus, daß weder er noch sie wieder heiraten wollten. Da starb die Frau. Erst lebte der Mann eine Weile ohne Frau, weil er überhaupt nicht wieder heiraten wollte. Als aber eine Zeit vergangen war, dachte er: »Was soll ich um sie trauern? Ich heirate wieder.« Und er nahm sich eine Frau. Schon wollte er sie zur Trauung führen, da fiel ihm ein: »Ach, ich will doch zu meiner Frau gehen und ihr Lebewohl sagen, die Tote um Verzeihung bitten.« Er ging hin und verbeugte sich am Grabe: »Verzeih mir! Ich gehe zur Trauung, ich heirate wieder.« Da öffnete sich das Grab – die Braut war bei der Kirche stehengeblieben, während der Mann seine verstorbene Frau besuchte –, und sie rief ihn zu sich: »Komm, komm, fürchte dich nicht, komm hierher!« Sie rief ihn ins Grab und sagte zu ihm: »Weißt du nicht, daß wir uns versprochen hatten, daß der nicht wieder heiraten sollte, der übrigbliebe?« Und sie forderte ihn auf, auf dem Sarg zu sitzen. »Trinkst du Wein?« sagte die Frau im Grabe zu ihm. Und sie gab ihm einen Becher, und der Mann trank. Dann wollte er fortgehen. Aber sie bat: »Bleib noch hier und laß uns vertraulich plaudern!« Sie goß ihm einen zweiten Becher ein, und der Mann trank

wieder. Dann stand er wieder auf und wollte gehen, aber wieder sagte
sie: »Laß uns noch plaudern!« Und der Mann blieb und plauderte. – Zu
Hause hielten sie eine Andacht, weil sie glaubten, der Mann sei gestorben. Die Braut wartete und wartete und ging schließlich zu ihren
Eltern zurück. – Und sie gab ihm den dritten Becher, und immer noch
bat sie ihn zu bleiben. Endlich ließ sie ihn fort: »Geh nun hin!« sagte
sie. Da ging der Mann fort. Er kam zur Kirche, aber da war kein Pfarrer
mehr, nichts mehr – und er selbst war grau wie ein alter Wiedehopf,
weil er dreißig Jahre im Grabe gewesen war.[34]

Die Bindungen werden – so könnten wir nach allem, was
wir bisher wissen, sagen – nicht zurückgenommen, werden
nicht gelöst. So kommt es zu diesem eigenartigen, unwirk-
lichen Festhalten und Verharren, das neue Beziehungen in
der Tat unmöglich macht.
Wie kann es zu einer solchen Entwicklung kommen? Zunächst einmal ist dazu zu sagen, daß die Schwere des Verlustes und damit die Tiefe der Trauerarbeit sehr unterschiedlich sein können. Der Tod eines Greisen, alt und le-
benssatt, hat etwas Versöhnliches an sich. Dagegen erleben
wir den Tod eines jungen Menschen, dessen Leben sich
noch nicht einmal voll entfalten konnte, als völlig sinnlos.
Etwas Friedliches liegt über dem einen, etwas Gewaltsames über dem anderen.
Eine Familie, die ihren Angehörigen durch eine lange
Krankheit begleitet hat, wird ein Stück der Trauerarbeit
schon vollzogen haben, wenn der Tod eintritt. In ihren Gedanken wird sie ihn schon vielfach vorweggenommen haben, in ihren Gefühlen wird sie den Schmerz immer wieder
durchlitten haben. Wie sehr unterscheidet sich diese Situation von jener, in der die Wohnungsklingel auf einmal läu-
tet. Beamte der Verkehrspolizei stehen vor der Tür und suchen nach Worten. Die Tochter oder der Sohn, der Vater
oder die Mutter wird nicht mehr nach Hause kommen. Ein
schreckliches Unglück . . .
Der Tod, einmal absehbar, erwartet, vielleicht auch ein
Stück weit bejaht, und ein anderes Mal jäh, abrupt und
voller Entsetzen. Wie unterschiedlich wird die Trauer sein,
nein, muß sie sein, hier und dort, wie unterschiedlich die
seelische Arbeit, die dieser Familie zugemutet wird und
jener.
So läßt sich sagen: je schwerer der Verlust, je unerwarteter,
je gewaltsamer der Tod, desto schmerzlicher und schwieri-

ger die Trauerarbeit. Und anders: je absehbarer der Verlust, je mehr er erwartet wird, er auch irgendwo annehmbar, zustimmbar erscheint, desto leichter die Trauerarbeit. Dem läßt sich allerdings noch ein anderer Gesichtspunkt hinzufügen: je freier die Trauer fließen kann, desto einfacher wird die Arbeit der Seele sein. Je stärker der Fluß der Trauer aufgehalten und behindert wird, desto schwerer wird sie ausfallen. Ein paar Beispiele für solche erschwerten Trauersituationen:

Eine Beziehung war durch eine starke *Abhängigkeit* geprägt. Ein Kaufmannsehepaar hat einen einzigen Sohn. Er ist der Träger aller Hoffnungen, Erwartungen, Sehnsüchte der Eltern. Von Kindheit an wird er darauf vorbereitet, das Geschäft zu übernehmen. Er besucht die entsprechenden Schulen, belegt die entsprechenden Kurse und absolviert seine Ausbildung. Alles läuft wie erwartet und geplant. Der Vater zieht sich mehr und mehr aus dem Geschäftsleben zurück und bereitet sich auf den Ruhestand vor. Da kommt der Sohn bei einem Bergunfall ums Leben.

Eine Beziehung war durch eine große *Zweideutigkeit* gekennzeichnet. Eine Frau verlor schon in frühen Jahren ihren Mann und mußte ihre beiden Kinder allein großziehen. Die Kinder merkten mit zunehmendem Alter, was das für ihre Mutter bedeutete, welche Opfer sie brachte, wieviel Mühe es bereitete. Auf der anderen Seite litten sie auch sehr unter der überstrengen, mißtrauischen und kontrollierenden Art ihrer Mutter. Als sie erkrankte und starb, empfanden die Kinder einerseits Respekt und Dankbarkeit, andererseits war da auch der lang angestaute Zorn.

An der *Realität des Todes* sind *Zweifel* möglich. Eltern haben etwa in den letzten Kriegstagen gehört, daß ihr Sohn gefallen sei. Kurz darauf meldete sich jemand, der ihn später noch gesehen haben wollte. Die offizielle Mitteilung, er sei vermißt, läßt immer noch einen Rest von Hoffnung zu. Irgendeinmal könnte doch die Tür aufgehen, und er wäre wieder da. Es könnte doch ein Brief oder ein Lebenszeichen von ihm eintreffen.

Ein Mensch ist durch *Selbstmord* aus dem Leben geschieden. Vielleicht hatte er seinen Tod angekündigt oder er hatte gar schon mehrere Selbstmordversuche unternommen. Vielleicht hatte die Familie gar keine Signale empfangen. Dieser Tod wird jedenfalls immer sehr schwer treffen. Kennzeichnend dafür mag die Beobachtung sein, daß Angehörige fragen: Was hat er *uns* angetan, und nicht etwa – das wäre ja auch möglich –: Was hat er *sich* angetan?

Ein *Kind* verliert eine nahe Bezugsperson. Das Ich des Kindes ist noch schwach und kann die Schwere des Verlustes noch nicht aushalten oder ihm standhalten, geschweige denn mit ihm umgehen. Oft läßt es dann den Tod des anderen gar nicht an sich heran, und es mag zu einem Verhalten kommen, das Außenstehenden völlig unangemessen scheint: eine eigenartige Heiterkeit oder Ausgelassenheit oder aber auch ein vollkommener Rückzug in sich selbst.

Trauernde, die vor besonderen Belastungen stehen! Nach außen hin mag dies auf unterschiedliche Weise deutlich werden. Es kann sein, daß jegliche *Trauersymptome fehlen.* Zu erwarten wären Traurigkeit, Tränen, ein zeitweiliges Sichzurückziehen. Statt dessen Fröhlichkeit, Aktivität, vielleicht Erklärungen, daß der Verlust gar nicht so tragisch sei. Dann geschieht es häufig, daß die *Trauersymptome stärker* sind und länger anhalten, als zu erwarten wäre. Auch nach Monaten oder Jahren ist noch keinerlei Linderung oder gar Erleichterung festzustellen. Es ist, als ob der Verlust erst gestern eingetreten ist, obwohl er tatsächlich schon eine lange Zeit zurückliegt. Oft erlebt der Trauernde *heftige Schuldgefühle* und *Selbstanklagen.* Die gesamte Beziehung wird unter dem Gesichtspunkt des eigenen Versagens gesehen und ist für irgendwelche anderen Aspekte kaum zugänglich. Auch die Beichte und der Zuspruch der Vergebung entlasten nicht. Die Selbstvorwürfe kehren bald zurück.

Sind die Behinderungen so stark, daß sie den Trauerprozeß blockieren, dann kommt es zu einer krankhaften Trauerverarbeitung, und wir sprechen von einer *Pathologischen Trauer.* Der Trauernde bleibt an den Verstorbenen gebunden, und das prägt alle Bereiche seines Lebens, sein ganzes Da-Sein. Dabei kann die Blockierung an unterschiedlichen Stellen des Trauerweges einsetzen.

Es kann sein, daß der Trauerprozeß schon ganz *am Anfang aufgehalten wird*. Ein Vater, selbst in einem helfenden Beruf tätig, verliert seinen einzigen Sohn durch einen Unfall. Mit großer Akribie kümmert er sich um die Beerdigung, um jedes Detail. Dabei zeigt er keinerlei Trauerreaktion, aber auch nach der Bestattung kommt keine Regung von Trauer. Statt dessen wendet er sich mit einer ungeheuren Aufmerksamkeit der Frage zu, wie er dem Unfallpartner seines Sohnes helfen könne. Er müsse doch entsetzliche Schuldgefühle haben. Er scheut keine Mühe, sich diesem Mann zu nähern und wehrt alle Zeichen der Anteilnahme und des Mitgefühls für seine eigene Person ab.

In einem anderen Fall ist es so, daß der Trauerprozeß zwar in Gang kommt, aber dann *steckenbleibt*. Es geht nicht mehr weiter. Was auf einer bestimmten Stufe noch verständlich erscheint, wirkt bald bizarr. Eine Frau läßt sich ein paar Tage nach dem Tod ihres Mannes aus einem Dia ein überlebensgroßes Fotoposter anfertigen. Sie hängt es im Wohnzimmer auf und installiert einen Scheinwerfer, der dieses Bild Tag und Nacht anstrahlt. Sie verbringt täglich viele Stunden vor dem Poster, erzählt ihrem Mann von ihren Erlebnissen und versucht, seine Meinung dazu zu ergründen. Diese »Gespräche« halten über Monate an.

Schließlich, und dies geschieht wohl am häufigsten, wird der Weg der Trauer *nicht voll durchmessen*. Es sind Trauerreaktionen da, es bewegt sich etwas, und doch bleibt ein Teil der Trauer zurück, vor allem dann, wenn gesellschaftliche oder religiöse Normen eine Haltung der Selbstbeherrschung und Tapferkeit vorgeben. Herr und Frau A. gehören einer sehr engagierten, auf Zeugnis und Bekenntnis ausgerichteten, christlichen Gemeinschaft an. Als ihr siebzehnjähriger Sohn an Leukämie erkrankt, kümmern sich die anderen in einer rührenden Weise um die Eltern. Nach dem Tod des Sohnes verstärkt sich die Fürsorge noch. Die Eltern erleben dies als große Gnade. Und doch: noch nach zwei

Jahren wird ein eigentümlicher Zwiespalt deutlich. Die Eltern werden nicht müde zu betonen, wie gut sie den Tod des Sohnes überwunden haben. Sein Sterben wäre so versöhnlich gewesen, der Trost der Freunde so hilfreich, die Geborgenheit im Glauben eine so große Stütze. Sobald man nachfragt und die Ebene der Gefühle anspricht, füllen sich freilich ihre Augen mit Tränen, die allerdings sofort abgewehrt werden, die Eltern wechseln das Thema und führen es auf eine sachliche Ebene zurück.

Eines ist wohl bei all diesen Beispielen deutlich geworden: eine ungenügende oder gar pathologische Trauerverarbeitung setzt unserem Leben und unserer Lebendigkeit Grenzen, die nicht sein müssen. Unsere Fähigkeit, die Welt wahrzunehmen, wie sie ist, wird beeinträchtigt. Unsere Fähigkeit, echte, tiefe und gegenseitig befriedigende Beziehungen aufzunehmen, ist beeinträchtigt. Unsere Fähigkeit zu lieben, sich selbst und anderen liebevoll zu begegnen, und die Liebe anderer Menschen anzunehmen, ist beeinträchtigt.
Dies ist der Punkt, an dem wir fachliche Hilfe brauchen, damit wir wieder zu einem erfüllten Leben finden. *Ich brauche Hilfe!* Dieses Eingeständnis gehört zu den Worten, die uns am schwersten über die Lippen gehen. Es kostet Mut, sich verletzlich zu zeigen, seine wunde Stelle zu offenbaren. Es kostet Mut, seine Scham zu überwinden. Wenn dieses Wort einmal ausgesprochen ist, dann ist schon ein ganz großer Schritt getan. Alles andere, fast alles andere, wächst und entsteht aus diesem ersten großen Schritt.
Ich brauche Hilfe! Dies ist einer der schwersten Sätze unserer Sprache, gewiß, aber ganz gewiß auch einer der menschlichsten. Einmal in dem Sinne, daß *jeder* Mensch immer wieder an Stellen kommt, an denen er den verstehenden Mitmenschen braucht. Zum anderen ist es aber auch ein ganz großes Privileg, einander mitteilen zu können: Du, ich brauche Dich!
Vielleicht haben Sie den Eindruck in Ihrer Trauer festgefahren zu sein. Wenn dies so ist, dann überlegen Sie sich doch bitte, ob Sie nicht Hilfe beanspruchen möchten. Sie können sich an einen psychotherapeutisch geschulten Arzt

wenden, an einen Psychotherapeuten oder auch an einen erfahrenen Seelsorger. Wenn Sie Adressen brauchen, dann wird Ihnen sicherlich die Telefonseelsorgestelle, die in Ihrer Nähe ist, dabei gern behilflich sein.

Sie werden Hilfestellung dabei bekommen, Ihre Trauer nachzuholen oder die Resttrauer, die noch in Ihnen lebt, zu bearbeiten. Ihr Begleiter wird Ihnen helfen, den Weg noch einmal abzuschreiten, der Ihnen aufgegeben war. Nur: diesmal werden Sie dabei nicht allein sein. Sie werden spüren, da geht jemand mit, da fühlt jemand mit, jemand ist an meiner Seite.

Auf diesem Weg wird manches Schmerzliche hochkommen. Doch mitten drin, mitten in diesem Schmerz, werden Sie auch spüren, wie Ihnen eine Stärke zuwächst, die Sie so vorher noch nicht kannten. Es wird ein »mehr« sein, ein »mehr« an Leben, und Sie werden wieder, auf eine reifere Art und Weise, glauben, hoffen und lieben können.

2. Ein Leben lang loslassen

Wenn wir von Trauer sprechen, dann denken wir meistens an den Tod, der uns einen nahen Menschen nimmt. Dies ist wohl auch deswegen die bekannteste Trauersituation, weil sie ihren gesellschaftlichen Platz und in gewissem Maße ihren gesellschaftlichen Schutz hat. In den vorangegangenen Kapiteln habe ich auf eine Reihe weiterer Traueranlässe hingewiesen.

Neben diesen Einzelsituationen können wir in einem noch umfassenderen Sinn von Trauer sprechen. Solange wir leben, machen wir Erfahrungen des Verlustes. Ja, unser Leben beginnt mit einer solchen Verlusterfahrung. Ich denke an das Erlebnis der Geburt. Das Neugeborene verliert die Wärme, die Geborgenheit, das ständige und zuverlässige Umsorgtwerden im Mutterleib. Wenn wir die Züge dieses Neugeborenen wahrnehmen, das der Arzt oder die Hebamme da hochhält, und das Suchen, das Entsetzen, den Schrecken sehen, dann ahnen wir vielleicht etwas davon, wie groß der Verlust sein muß und wie schwer der Eintritt in diese kalte, grelle, lärmende Welt. Wenn man so will, ist dies die erste Trauersituation unseres Lebens.

Unsere Lebensphasen nehmen dieses Thema auf: die ersten Jahre zu Hause, noch ganz umgeben von der Familie. Dann die ersten Schritte hinaus in den Kindergarten, später in die Schule. Die Ausbildungszeit. Die Familiengründung, die Elternschaft. Das Wachsen der eigenen Kinder, dann deren Auszug und das eigene Zurückbleiben; der Ruhestand beginnt. Immer sind es Zeiten, in denen wir etwas verlieren. Unsere Wünsche, unsere Interessen und Bedürfnisse können wir nicht mehr so befriedigen wie bisher, und auch hier ist es wichtig, unsere Trauergefühle wahrzunehmen und anzunehmen.

Ich freue mich, zum Beispiel, darüber, daß unsere Kinder größer werden. Sie können sich jetzt viel besser selbst mitteilen, das erleichtert unsere Gespräche. Die Nächte sind nicht mehr so zerstückelt wie früher. Wir können abends ausgehen, ohne jedesmal einen Babysitter suchen zu müssen. Es ist wieder mehr Raum für unsere Ehebeziehung da. Und dennoch: Ich empfinde auch das Abschiednehmen. Eine Phase geht zuende, eine Phase, in der wir durch Zeugung, Schwangerschaft und Geburt unser eigenes Leben weitergegeben haben. Dies gehört mehr und mehr der Vergangenheit an. Auch das andere, daß unsere Kinder so ganz auf uns orientiert waren. Jetzt kommen sie mit einer Sprache nach Hause, die sie sich selbst – der Himmel weiß wo – gesucht haben. Mit Gesten, die nicht von uns sind. Sie gehen ihre eigenen Wege, *ihre* Wege. Ein Lebensabschnitt ist zuendegegangen, unwiederbringlich, unwiderruflich. Vergangenheit.

Unser ganzes Leben ist ein ständiges Adieu-Sagen, ein fortlaufendes Loslassen, ein immerwährendes Abschiednehmen. Dieses Sterben, das unser Leben begleitet, ist nicht nur schmerzlich, sondern auch voller Möglichkeiten. Wir lassen Altes zurück und haben die Gelegenheit, Neues zu entdecken, auch an uns selbst, es auszuprobieren und zu entfalten. Wohl niemand hat diesen Aspekt schöner zum Ausdruck gebracht als Hermann Hesse in seinem Stufengedicht.

Stufen

Wie jede Blüte welkt und jede Jugend
dem Alter weicht, blüht jede Lebensstufe,
blüht jede Weisheit auch und jede Tugend

zu ihrer Zeit und darf nicht ewig dauern.
Es muß das Herz bei jedem Lebensrufe
bereit zum Abschied sein und Neubeginne,
um sich in Tapferkeit und ohne Trauern
in andre, neue Bindungen zu geben.
Und jedem Anfang wohnt ein Zauber inne,
der uns beschützt und der uns hilft, zu leben.

Wir sollen heiter Raum um Raum durchschreiten,
an keinem wie an einer Heimat hängen,
der Weltgeist will nicht fesseln uns und engen,
er will uns Stuf' um Stufe heben, weiten.
Kaum sind wir heimisch einem Lebenskreise
und traulich eingewohnt, so droht Erschlaffen;
nur wer bereit zu Aufbruch ist und Reise,
mag lähmender Gewöhnung sich entraffen.

Es wird vielleicht auch noch die Todesstunde
uns neuen Räumen jung entgegensenden,
des Lebens Ruf an uns wird niemals enden . . .
wohlan denn, Herz, nimm Abschied und gesunde![35]

In allen Trennungen unseres Lebens steckt beides, das Aufgeben und Verlieren, aber auch die Chance zu einer neuen Lebendigkeit. Allerdings kann ich das Neue wohl nur dann ergreifen, wenn ich bereit bin, das Alte und auch Vertraute loszulassen, ganz loszulassen.

Ich kann etwas davon erspüren und mir bewußt machen, wenn ich einmal auf die Bewegung meines *Atems* achte. Darin liegt viel von diesem Hergeben und Empfangen, von diesem Loslassen und Kommenlassen. Ich atme ein und spüre, wie sich mein Leib für die nächsten Augenblicke mit Leben füllt. Dann atme ich aus und muß viel von diesem Leben wieder hergeben. Aber nur so kann ich neues Leben empfangen. Wenn ich den Atem für mich behielte, wenn ich davon nicht genügend hergäbe, dann – man kann es gut ausprobieren – würde ich etwas von einer sehr sinnvollen Balance verlieren. Ich stünde aufgeblasen und oberflächlich da, mein Schwerpunkt läge nicht mehr in der Tiefe, ich selbst wäre nicht mehr im Lot.

Dies ist eine Übung, die helfen kann, *zu* mir zu kommen, immer, wenn ich *außer* mir bin. Vielleicht haben Sie Lust, sich einmal darauf einzulassen. Wenn ja, dann versuchen Sie doch, für ein paar Minuten ungestört zu sein.

Nehmen Sie sich einen Stuhl und setzen Sie sich. Nehmen Sie mit Ihren Füßen Kontakt mit dem Boden auf. Spüren

Sie dort hinein, wo Sie Kontakt haben. Erspüren Sie seine Härte, seinen Widerstand, aber auch das Verläßliche des Bodens. Er trägt. Stellen Sie Ihre Füße ab und lassen Sie sie los. Nehmen Sie jetzt Kontakt mit der Sitzfläche auf. Pendeln Sie sich ein wenig ein, indem Sie sich um Ihre eigene Achse drehen. Die Kreise, zunächst größer, dann immer enger werdend, gehen in ein ganz leichtes Schwingen um Ihre eigene Achse über, bis Sie ganz zur Ruhe kommen. Jetzt legen Sie bitte die Hände auf Ihren Bauch (es mag hilfreich sein, vorher den Gürtel zu lockern). Und jetzt beobachten Sie einfach die Bewegung Ihres Atems. Spüren Sie, wie die Luft in Sie hineinströmt, wie sich die Bauchdecke nach vorn bewegt, und lassen Sie Ihre Hände von dieser Bewegung behutsam mitnehmen. Dann atmen Sie aus, Ihr Bauch geht wieder nach innen, und Ihre Hände folgen dieser Bewegung. Erleben Sie dieses ein und aus Ihres Atems. Bitte versuchen Sie, dabei nichts zu machen, nichts zu wollen, nichts zu manipulieren, sondern einfach wahrzunehmen, sich einzufühlen, dem zu folgen, was da ist, mit der inneren Haltung eines Kindes, staunend: Aha, *so* ist das also . . .

Bitte machen Sie sich jetzt bewußt, was mit jedem Atemzug geschieht. Mit jedem »ein« bekomme ich mein Leben, mit jedem »aus« gebe ich davon her. Ein – ich bekomme mein Leben, aus – ich gebe es her. Ein – ich empfange, aus – ich lasse los.

Wenn Sie dies einfach eine Zeitlang geschehen lassen. Vielleicht spüren Sie dabei auch die Atempause zwischen zwei Zügen. Eine kleine Zeit der Ruhe, ein Augenblick der Stille, auf die dann das »ein« folgt.

Beides ist wichtig, das ein und das aus. Allerdings deutet viel darauf hin, daß wir Menschen heute sehr das »ein« betonen, das Besitzen, das Erwerben, das Konsumieren, das Haben und über all dem das »aus« vernachlässigen, das Freigeben, das Loslassen, das Adieusagen, das Hergeben. Das Problem dabei ist, daß beides zusammengehört und miteinander zu tun hat. Wenn ich das »aus« nicht beachte, dann wird sich auch die Beschaffenheit des »ein« ändern. Die gute Balance geht verloren. Es gab wohl noch keine Zeit, in der wir – zumindest in unserem Land – soviel Besitz hatten wie heute, aber eigenartigerweise stellt sich dies

Besitzen oft so mißmutig, freudlos und verdrießlich dar. Es ist, als ob ein Gegengewicht fehlt.

Die Trauer entspricht dem Loslassen, dem »aus« in meinem Atmen. Wenn ich meine Trauergefühle übergehe, wenn ich sie übertöne und überspiele, dann entsteht hier eine Störung – am Anfang vielleicht noch kaum wahrnehmbar –, die jedes »ein«, alles Neue, das auf mich zukommt, beeinträchtigen wird. Ich werde in meinen Lebensmöglichkeiten eingeschränkt und in meiner Lebenslust behindert sein. Insofern heißt trauern lernen auch leben lernen.

Ein paar Lernschritte mögen die Richtung aufzeigen, in die es sich zu bewegen lohnt. Sie gehen von Erfahrungen aus, die wohl uns allen schon von uns selbst oder von anderen her vertraut sind.

Von der Depressivität zur Trauer

Hinter mancher depressiven Verstimmtheit, die meine Tage dunkel färbt und alles Lebendige in mir abstumpfen läßt, stehen verdrängte Trauergefühle. Ich gehe zurück und versuche, noch einmal mit dem in Berührung zu kommen, was ich verloren habe. Ich versuche, den Schmerz zu spüren, den Zorn, das Alleingelassensein. Ich versuche, die Mißerfolge und Enttäuschungen abzuschreiten, die sich da aneinandergereiht haben. Vielleicht zeichnen sich so in meiner Verstimmtheit, die alles überdeckt und lähmt, einige Konturen ab, und ich nehme wahr und lerne unterscheiden und auseinanderhalten, was in meinem Leben betrauernswert ist und was nicht.

Vom Jammern zum Klagen

Jammern ist unverbindlich, ist vage, ist ohne Gestalt. Es ist unproduktiv, denn es dreht sich im Kreis und führt nicht weiter. Das, was verloren ist, halte ich fest, anstatt es loszulassen. Mein Jammern wird zum Strudel, der alles an sich zieht, ohne etwas zu lösen. Die Klage dagegen gibt her, läßt los, gibt frei. Sie benennt und beschreibt und begrenzt das Verlorene. Die Klage steht zum Schmerz, das Jammern vermeidet ihn. Die Klage spricht die Enttäuschung und den Zorn aus, das Jammern verbirgt sie. Die Klage hat einen Anfang und ein Ende, das Jammern jammert end-los.

Von der Weinerlichkeit zum Weinen

Weinen befreit, entkrampft, reinigt. Wenn ich tief durchgeweint habe, bin ich körperlich und seelisch entspannt und wohlig ruhig. Ich bin gelöst, offen und frei. Weinerlichkeit aber verkrampft, verhärtet, verspannt. Da ist nichts, was sich löst, was frei wird. Ich weine um etwas oder wegen etwas, das Beweinenswerte gehört zu mir, und ich übernehme dafür die Verantwortung. Weinerlichkeit dagegen vermeidet Verantwortung. Sie wuchert in alle Bereiche meines Lebens hinein, in alle Beziehungen, ohne dabei etwas zu klären. Weinen lädt zum Mitgefühl ein, Weinerlichkeit geht auf die Nerven. Sie bindet Zeit und Kraft, ohne zur Entlastung zu führen.

Soweit diese kleinen Schritte. Wenn Sie sie vertiefen wollen, dann nehmen Sie doch bitte einen Bogen Papier und gehen diese drei Punkte noch einmal durch. Hier sind einige Hilfsfragen:
Wie bin ich, wenn ich weinerlich bin, wenn ich jammere, wenn ich traurig verstimmt bin? Was mache ich da mit mir, und wie fühlt sich das an? Wie geht es mir dabei körperlich? Wie und wo verkrampfe ich?
Ich kann diese körperliche Seite einmal probeweise verstärken. Ich beiße etwa die Zähne zusammen, ganz fest. Wie ist das, so mit zusammengebissenen Zähnen? Und wie ist das, wenn ich mich in meinem Kiefer loslasse?
Ich lasse die Schultern hängen, ganz tief und gehe ein paar Schritte durchs Zimmer. Wie ist das, so gebeugt zu gehen? Wie ist das, wenn ich mich nach vorn fallen lasse? Und wie ist es, wenn ich mich auf-richte? Stehe ich jetzt anders da? Bewege ich mich anders?
Oder ich probiere es einmal tapfer und diszipliniert: Bauch rein, Brust raus, die Knie durchgedrückt. Wie fühle ich mich jetzt an? Hart? Steif? Unbiegsam? Kann ich so standhalten? Und wie ist es, wenn ich mich loslasse? Den Bauch herauslasse, in den Knieen nachgebe? Spüre ich, wie ich jetzt anders dastehe? Mehr gegründet? Mehr in der Tiefe? Und doch auch weicher, flexibler? Mit mehr Spielraum?
Weitere Fragen: Was bringt mir all das? Was bekomme ich als »Belohnung«, wenn ich weinerlich bin, wenn ich jam-

mere? Was erhalte ich an Aufmerksamkeit? Und ist dies, was ich auf diese Weise bekomme, echt und von Dauer? Oder gibt es nicht andere, nicht reifere Wege zu bekommen, was ich brauche?

Wenn Sie zum Ende dieser Übung kommen wollen, dann fragen Sie sich doch bitte: Was habe ich jetzt über mich erfahren? Was habe ich entdeckt? Gibt es irgendeine Stelle, an der ich gern weiterarbeiten möchte? Gibt es etwas, dem ich mehr Aufmerksamkeit widmen möchte? An welchem Punkt meines Lebensweges befinde ich mich? Was ist für mich zu tun, was brauche ich jetzt?

Nur wer ausatmen kann, kann auch wieder einatmen. Nur wer Abschied nehmen kann, kann auch wieder begrüßen und willkommen heißen. Nur wer loslassen kann, kann auch wieder empfangen. Nur wer trauern kann, kann auch wieder feiern.

Solche Lernschritte weisen dann aber auch über sich hinaus und nehmen mich in eine größere Bewegung mit hinein. In eine Bewegung, die ein ganzes Leben ausfüllt und doch nie zu einem Ende kommt. Immer wieder ist sie in Frage gestellt, immer wieder will sie erspürt, erarbeitet und geübt werden. Ständig habe ich beide Seiten in mir und fühle mich einmal mehr der einen und einmal mehr der anderen zugehörig.

Von der Entfremdung zur Aussöhnung

In meiner Entfremdung fühle ich mich verlassen und empfinde mich als Opfer. In meiner Entfremdung führe ich Anklage. Auf der Anklagebank sitzen meine Eltern, die Menschen in meiner Umgebung, aber auch die Bedingungen des Daseins, die Umstände meines Lebens, die Zeiten und – vor allem auch – ich selbst. In meiner Entfremdung bin ich zu, verschlossen, einsam und bitter. Wie eine Hintergrundmelodie begleitet mich die Frage: Bin ich denn überhaupt erwünscht? Und: Ist dieses Leben für mich lebenswert? Alle Verlusterfahrungen verstärken noch diese Melodie. Ein Panzer wächst um meine Seele und macht mich hart und kalt.

Wenn ich Aussöhnung erfahre, dann bin ich warm und offen. Ich bin wach und empfindsam. Ich sage ja zu dem Weg, den ich gegangen bin, auch zu den Umwegen, und möchte ihn nicht ändern. Ich stehe zu meinen Möglichkeiten und nehme meine Grenzen ohne Bitterkeit an. Ich fühle mich verbunden, verbunden mit meinen Mitmenschen und darüber hinaus mit allem Leben und weiß doch gleichzeitig, daß ich einzig und unverwechselbar bin. Auch in den Verlusterfahrungen, durch die ich hindurch muß, weiß ich mich gehalten und geliebt. So nehme ich die Zeit an, die mir gegeben ist, die Trauer und die Freude, den Schmerz und das Glück. Trotz allem Schweren ist sie immer wieder auch lohnende, liebenswerte, lebenswerte Zeit.

3. Kollektive Trauer

Einzelne Menschen trauern. Familien trauern. Eine Gruppe trauert um jemanden, der aus ihrer Mitte gerissen wurde. Diese Erfahrungen sind uns vertraut. Der Gedanke, daß auch größere Gemeinschaften trauern, daß es so etwas wie eine Kollektive Trauer gibt, darf in diesem Buch zurücktreten, aber er soll nicht unerwähnt bleiben.
Ich habe im Jahre 1968 in Amerika gelebt. Am 4. April jenes Jahres wurde Martin Luther King in Memphis erschossen. Am 6. Juni wurde Robert Kennedy in Los Angeles ermordet. Während des ganzen Jahres tobte der Krieg in Vietnam. Im März marschierten amerikanische Truppen in das kleine Reisbauerndorf My Lai ein und töteten über 100 Menschen, darunter Frauen, Kinder, Babies. Täglich gab es in Zeitungen und im Fernsehen Bilder des Grauens.
Für mich war es bewegend zu erleben, wie ein tiefer Riß durch dieses Land ging. Als Hort von Freiheit und Gerechtigkeit hatte man sich bisher verstanden. Als Sendboten, ja als Missionare dieser Errungenschaften waren Amerikaner in alle Welt gezogen. Und nun? Es waren nicht die Kommunisten oder die Nazis, die wehrlose Menschen folterten und töteten, es waren die eigenen Söhne. Das Selbstbildnis, das trotz mancher Schrammen im wesentlichen unbeschädigt war, wies auf einmal Brüche auf. Ich denke noch an die Scham, an die Verzweiflung, an den ohnmächtigen Zorn, an die Trauer vieler meiner Freunde. Sie wußten, daß jene Geschehnisse als Teil der eigenen Geschichte, aber auch

als Teil der Geschichte ihres Volkes mit ihnen gehen würden: eine ständige Erinnerung an die Perversion des Menschseins.

Ein Jahr zuvor war in Deutschland ein Buch erschienen, das zur Besinnung über *unsere* Geschichte aufrief. In ihrer Studie »Die Unfähigkeit zu trauern«[36] wiesen Alexander und Margarete Mitscherlich auf, wie wenig wir, d. h. breite Teile der deutschen Öffentlichkeit, uns bisher mit der Zeit des Dritten Reiches auseinandergesetzt haben. Wie wenig wir die schmerzliche Erinnerung an die Greuel dieser Jahre zugelassen haben, wie sehr wir Schuld und Scham und Trauer vermieden haben. Statt dessen Entschuldigungen, Verharmlosungen, Verleugnung und Ausflüchte. Aber nur dann, wenn wir uns dieser Zeit stellen, haben wir auch die Möglichkeit zu lernen. Nur wenn wir uns mit ihr auseinandersetzen, werden wir unsere Fähigkeit zum Haß erkennen und anders mit ihr umgehen können. Darüber hinaus kostet es viel Kraft und Energie, Trauer zu vermeiden, Kraft und Energie, die uns dann zur Bewältigung anderer Probleme fehlen.

Vieles deutet darauf hin – und jetzt mache ich einen »großen Sprung« –, daß wir auch heute in einer Abschiedszeit leben. Zumindest in den westlichen Industrieländern ist manches ins Wanken gekommen, was gestern noch fest zu stehen schien. Der Glaube an ein selbstverständliches und kontinuierliches wirtschaftliches Wachstum und damit an eine stetige Vermehrung unseres Wohlstandes ist erschüttert. Die Zuversicht, der zivilisatorische Fortschritt würde auch den Freiheitsraum des Menschen erweitern, ist geschwunden. Mehr und mehr Menschen erscheint fragwürdig, daß ein Waffenarsenal von immer größerer Vernichtungskraft den Frieden sicherer machen soll. Verflogen ist der Optimismus, wir seien auf einem guten Weg, die Güter dieser Welt gerechter zu verteilen und die Erde wohnlicher zu gestalten.

Es ist, als ob etwas zerbrochen wäre. Selbstzweifel und Angst gehen um, Unsicherheit und Resignation. Ohnmachtsgefühle breiten sich aus: Man kann ja doch nichts machen! Daneben erleben wir eine wachsende Aggressivität, nicht nur bei den einzelnen, sondern auch bei den gesellschaftlichen Gruppen, und einen kaum verhohlenen

Zynismus. All das zeigt, wie schwer es ist, von politischen Entwürfen und gesellschaftlichen Erwartungen Abschied zu nehmen, die heute nicht mehr gelten können.

In seinem Drama »Der Tod des Handlungsreisenden« läßt Arthur Miller einen der beiden Söhne, Biff, sagen: »Ich kann es einfach nicht zu fassen kriegen, Mutter, ich kann das Leben nirgends festhalten.« Dieses Wort, bereits 1949 geschrieben, scheint heute nicht nur einzelnen und nicht nur Jugendlichen, sondern einer ganzen Zeit aus der Seele gesprochen.

Zehn Jahre nach dem Erscheinen des Theaterstücks fand Biffs Äußerung Eingang in einen inzwischen schon klassischen Aufsatz unter dem Titel »Wachstum und Krisen der gesunden Persönlichkeit.«[37] Erik Erikson zeigt an diesem Wort auf, was es heißt, wenn das Gefühl für die eigene Identität fehlt und statt dessen Ungewißheit und Zweifel vorherrschen. Für uns ist dieser Beitrag insofern hilfreich, als sich auch in der Trauer die Frage nach der Identität neu stellt.

Wir haben in unserem Land manches von dem verloren, was unser Zusammenleben bisher stark geprägt hat, gemeinsame Erwartungen, Werte, Hoffnungen und Ziele. Vielleicht wäre es schon entlastend, wenn wir die Traueraspekte dieser Zeit erkennen könnten. Wenn wir uns dem Schmerz darüber stellten, daß unsere gestrigen Wege nicht weiterführen, daß unsere vertrauten Konzepte nicht mehr genügen, daß unsere liebgewordenen Vorstellungen korrekturbedürftig sind. Wenn wir mit der eigenen Enttäuschung in Berührung kämen, so daß wir sie nicht dauernd aggressiv umsetzen und auf andere richten müßten. Wenn wir der Trauerarbeit nicht mehr aus dem Wege gingen, so daß wir überlegen könnten, solidarisch überlegen könnten, was verloren und deswegen loszulassen ist, anstatt uns eigensüchtig und rechthaberisch an die eigenen Privilegien zu klammern. Dann könnten wir wohl auch die eigene Unsicherheit zugeben, anstatt ständig den anderen Versagen vorwerfen zu müssen.

Wir sind herausgefordert, uns neu zu entscheiden, wer wir sind, und wie wir leben wollen. Wir müssen uns darüber klar werden, was wir aufgeben können, und was wir weiterhin beanspruchen möchten. Welche Annahmen haben sich als falsch erwiesen? Wo haben wir Fehler gemacht? Wie müssen wir umlernen? Aber auch: Was hält sich und erscheint uns auch heute noch vertrauenswürdig und lohnenswert? Was dauert auch über den Verlust hinweg an? Wir sind herausgefordert, die Frage nach unserer Identität neu zu beantworten. Können wir uns über gemeinsame Werte und Ziele verständigen? Können wir erkennen und formulieren, was wir *jetzt* brauchen, und was *jetzt* not tut? Können wir – wenn auch langsam und tastend – Schritte zu einer neuen Orientierung gehen?

Die Stichworte dazu klingen noch zögernd: Anders leben, einfacher leben, verzichten lernen, sich auf das Wesentliche besinnen, vertrauen lernen, den Frieden neu buchstabieren, die Erde nicht nur bebauen, sondern vor allem auch bewahren, solidarisch leben, teilen lernen. All dies sind Ansätze, die erst ausgelotet werden wollen. Rezepte und Allheilmittel würden auch das Wesen der Trauer verkennen. Nein, es sind Anfänge, die ausprobiert und weitergeführt und entwickelt werden möchten.

Deutlich aber ist schon jetzt, daß auch in kollektiven Verlusterfahrungen die Möglichkeit eines Gewinnes liegt. Wir werden uns an manchen Stellen einschränken, und dennoch mag uns daraus ein Stück Freiheit zuwachsen. Wir werden auf manches verzichten, aber darin nicht Einengung und Beschneidung erleben. Wir werden manches loslassen und dennoch nicht mit leeren Händen dastehen.

4. Eine Vision vom Leben

Jede Krise, die wir im Leben zu bestehen haben, hat zwei Seiten. Da ist einmal die Verunsicherung, der Schmerz, das Aufgebenmüssen, daneben aber auch die Möglichkeit eines neuen Anfanges, eines neuen Lernens, die Möglichkeit zur Entfaltung und zum Wachstum. Dabei ist es wichtig zu wissen, in welche Richtung wir uns bewegen wollen. Gibt es Anhaltspunkte, die uns eine Orientierung geben? Gibt es Vor-Bilder, denen es sich nachzuleben lohnt? Es müßte etwas sein, das unsere Wahrnehmungsfähigkeit vertieft, das unsere Vorstellungskraft inspiriert, das uns hoffnungsvoll stimmt und zu schöpferischem Handeln ermuntert. Es müßte etwas sein, das uns fest in der Gegenwart verankert, und das uns gleichzeitig Zukunft erschließt.

Ob uns eine Vision helfen kann, die um die erste Jahrhundertwende nach Christus aufgezeichnet wurde? Niedergeschrieben für kleine, bedrängte, verfolgte Gemeinden in Kleinasien. Ob diese Vision vom Leben uns auch heute noch anzurühren vermag?

Und ich sah einen neuen Himmel und eine neue Erde; denn der erste Himmel und die erste Erde vergingen, und das Meer ist nicht mehr. Und ich sah die heilige Stadt, das neue Jerusalem, von Gott aus dem Himmel herabfahren, bereitet wie eine geschmückte Braut ihrem Mann. Und ich hörte eine große Stimme von dem Thron, die sprach: Siehe da, die Hütte Gottes bei den Menschen! Und er wird bei ihnen wohnen, und sie werden sein Volk sein, und er selbst, Gott, wird mit ihnen sein; und Gott wird abwischen alle Tränen von ihren Augen, und der Tod wird nicht mehr sein, noch Leid noch Geschrei noch Schmerz wird mehr sein; denn das Erste ist vergangen. Und der auf dem Thron saß, sprach: Siehe, ich mache alles neu!
Offenbarung Johannes 21, 1–5

Dieses Bild soll nicht zerredet werden. Ich will es betrachten und auf mich wirken lassen. Ich will sehen, wie es mich anspricht und dann das eine oder andere Motiv daraus hervorheben.

Mir gefällt der festliche Rahmen, das Schöne und auch das Erotische. Mit dem Bild der Braut, mit dem Bild der Hochzeit, hat der Orient schon immer seiner Lebensfreude Ausdruck verliehen. Darauf lasse ich mich gerne ein.

Gott wohnt bei den Menschen. Die Entfremdung, die ich in meinem Leben immer wieder spüre, ist aufgehoben. Das Leben und der Grund des Lebens fallen nicht mehr auseinander. Daß ich heil bin, das erfahre ich immer nur bruchstückhaft und vorläufig. Hier ist es ganz da. Dabei mag ich, daß dieses Heil nicht nur auf das Persönliche hinzielt, auf das Individuelle. Es geht nicht am Personsein vorbei, sondern bezieht es mit ein und führt so darüber hinaus. Ich sehe heile Strukturen. Eine neue Form des Wohnens. Eine befreite Form der Kommunikation.

Mir fallen andere Bilder ein. Ich sehe eine junge Familie verzweifelt auf der Suche nach einer Wohnung. Die Türen schnappen zu, sobald die Rede auf die Kinder kommt. Ich sehe Beton, Verbotsschilder, verschmutztes Grün. Ich sehe Menschen müde und leer von der Arbeit nach Hause eilen.

Wo soll da Kraft sein für Miteinander-Reden, für Miteinander-Fühlen, für Einander-Lieben?
Der Bann des Sterbens ist gebrochen. Die Tränen, das Schreien, die Schmerzen, die vielen Toten – es wird nicht mehr sein. Auch dieses Bild vermag ich nicht ohne die vielen anderen Bilder zu sehen, die fast täglich auf mich einstürmen. Bilder vom gequälten, erniedrigten, ausgebeuteten Leben. Jetzt begreife ich, wie sehr meine Trauer auch Sehnsucht ist. Sehnsucht nach einem anderen Leben. Auch Ahnung davon. Auch Phantasie dafür. Nach-Trauern.
Ich sehe Gott als neuschaffende Kraft. Manchmal entdecke ich Zeichen des Neuen. Tränen werden getrocknet, Kummer versiegt, Leben steht auf. Atem von Freiheit. Ich erlebe Brüderlichkeit und Schwesterlichkeit. Spuren aus diesem Bild. Farben aus dieser Vision. Ich spüre Ungeduld in mir. Mehr davon möchte ich sehen. Schneller sollte es gehen. Warum so vereinzelt?
Der Gedanke, daß dieses Neuschaffen nicht von mir geleistet werden muß, entlastet mich auch. Meine Zeit und meine Kraft werden nicht mit Ewigkeiten beschwert. Ich darf meine Grenzen leben. Ich merke, wie mir aus diesem Gedanken ein Stück Gelassenheit zuwächst. Vielleicht ist beides wichtig, und auch hier hat ein jegliches seine Zeit, Gelassenheit und Ungeduld.
Ich möchte mich in das Neumachen Gottes hineinnehmen lassen. Ich möchte mich dieser Kraft anvertrauen. Ich möchte, daß die Wirklichkeit durchlässig wird für diese Vision, damit schon jetzt hinter dem vielen Abschiednehmen das Festliche spürbar wird, hinter dem vielen Trauern die Freude und hinter dem vielen Sterben das Leben.

Zur Besinnung

Ein letztes Mal, verehrte Leserin und verehrter Leser, möchte ich Sie bitten innezuhalten und nachzuspüren. Wie ist es Ihnen bei der Lektüre dieses Büchleins ergangen? Was war hilfreich, und wie hat es Ihnen geholfen? Was haben Sie vermißt? Wo möchten Sie etwas aus Ihrem Erleben ergänzen? Wo korrigieren? Welchen Weg sind Sie gegangen oder welchen Weg sehen Sie für sich? Wie möchten Sie weiterlernen?

Versuchen Sie doch bitte, für sich auszusprechen, wo Sie jetzt sind, und wie es Ihnen geht.

Viele hundert Menschen haben mir seit der ersten Auflage geschrieben. Sie haben mir etwas von sich anvertraut, etwas von dem, was sie erlebt und erlitten haben. Jeder dieser Briefe hat mich berührt und hat mir von neuem deutlich gemacht, wie schwer und wie lohnend zugleich es ist zu trauern.

Vor einiger Zeit, in den Vorweihnachtstagen 1984, habe ich es selbst ganz nahe erlebt, als mein Vater starb. Ich konnte ihn noch besuchen, wenige Tage vor seinem Tod. Er erkannte mich und sagte: »Komm, setz Dich zu mir und halte meine Hand!« Unendlich weh hat es dann getan, in den Tagen und Wochen danach. Und dennoch ist mir diese Zeit ganz kostbar geworden. Ganz hilflos habe ich mich gefühlt und ganz empfänglich, ganz allein und ganz verbunden, ganz verzweifelt und ganz behütet.

Ich sage Ihnen Adieu. Wenn Sie Lust haben, dann schreiben Sie mir doch bitte und erzählen mir von dem, was Sie erlebt haben. Meine Adresse ist

Waldemar Pisarski
Evang. Versöhnungskirche
KZ-Gedenkstätte
8060 Dachau

Anmerkungen

1 S. H. Jeffrey, Louie, in: E. Kübler–Ross (Hg.), Reif werden zum Tode (aus dem Amerikanischen von Jens Fischer unter Mitwirkung von Helmut Weigel. Maßstäbe des Menschlichen 9), Stuttgart/Berlin 1976, 201.

2 S. Freud, Trauer und Melancholie, in: A. Mitscherlich u. a. (Hg.), Sigmund Freud, Studienausgabe III, Frankfurt a. Main, 1975, 197.

3 C. S. Lewis, Über die Trauer (aus dem Englischen von A. Kuoni), Zürich/Einsiedeln/Köln 1982, 46.

4 Ph. Ariès, Geschichte des Todes (aus dem Französischen von H.-H. Henschen u. Una Pfau), München/Wien 1980, 737.

5 L. Pincus, . . . bis daß der Tod euch scheidet. Zur Psychologie des Trauerns (aus dem Amerikanischen von G. Hansen), Stuttgart 1977, 290.

6 C. S. Lewis, 57 f.

7 S. de Beauvoir, Ein sanfter Tod (aus dem Französischen von P. Mayer), Reinbek 1973[5], 34.

8 L. Giudice, Ohne meinen Mann. Aufzeichnungen einer Witwe, Stuttgart/Berlin 6. erw. Auflage 1980, 16.

9 A. Philipe, Nur einen Seufzer lang (aus dem Französischen von M. Bormann), rororo 1121, Reinbek 1965[4], 111 f.

10 In: H. Kollwitz (Hg.), Ich sah die Welt mit liebevollen Blicken. Käthe Kollwitz, Ein Leben in Selbstzeugnissen, Hannover 1968, 283 f.

11 C. S. Lewis, 32.

12 A. Philipe, 8.

13 AaO. 80 f.

14 P. Kersten, Der alltägliche Tod meines Vaters, Köln 1978, 93.

15 L. Giudice, 18.

16 AaO, 99.

17 A. Philipe, 101.

18 L. Giudice, 18.

19 V. Kast, Trauern. Phasen und Chancen des psychischen Prozesses, Stuttgart/Berlin 1982, 71 f.

20 In: B. Brecht, Kalendergeschichten, rororo 77, 1959, 120.

21 L. Pincus, 145.

22 B. Heidebrecht, Lebenszeichen, Köln 1980, 16.

23 H.–C. Flemming, Annäherung, Stuttgart 4. erw. Auflage 1981, 135.

24 Evangelisches Kirchengesangbuch, 14.

25 M. Weber, Mit sich selbst in Einklang kommen. Eine Einführung in die Gestalttherapie, Freiburg/Basel/Wien 1982, 41.

26 U. Schaffer, Mit Kindern wachsen, Wuppertal/Kassel 1980, 64.

27 M. Leist, Gebetbuch für Kinder und ihre Eltern, Freiburg 1981,[15] 46 ff.

28 R. Bohren, zit. in U. Schall, Der besondere Auftrag der Gemeinde-
   seelsorge, Wege zum Menschen 30, 1978, 158.
29 K. Bartsch, zit. in Arbeitsgemeinschaft Missionarische Dienste
   (Hg.), Für jeden freien Tag 6, Stuttgart 1977, 3.
30 Ph. Ariès, 742 f.
31 Michaëlle, Beten mit Körper, Seele und Geist. Übungen aus dem
   Hatha Yoga (aus dem Französischen von Sr. E. Rességuier), Mainz
   1979, 115 f.
32 C. Westermann, Forschung am Alten Testament. Gesammelte
   Studien II, München 1974, 254.
33 E. Cardenal, Zerschneide den Stacheldraht. Lateinamerikanische
   Psalmen, Wuppertal/Barmen 1970[2].
34 In: Finnische und Estnische Märchen. Märchen der Weltliteratur,
   Köln/Düsseldorf 1962, zit. in V. Kast, 109 f.
35 H. Hesse, Stufen, BS 342, Frankfurt 1978.
36 A. u. M. Mitscherlich, Die Unfähigkeit zu trauern. Grundlagen
   kollektiven Verhaltens, Serie Piper 168, München 1967.
37 In: E. Erikson, Identität und Lebenszyklus. Drei Aufsätze (aus dem
   Amerikanischen von K. Hügel), TBW 16, Frankfurt 1974[2],
   55–122.

Literatur in Auswahl

I. Persönliche Erzählungen und Berichte

1. *Simone de Beauvoir*, Ein sanfter Tod (aus dem Französischen von P. Mayer) 1016, Rowohlt Verlag, Reinbek 1973[5] (rororo 1016):
   Die Verfasserin erzählt vom Sterben ihrer Mutter, das die Schwestern einen »sanften Tod« nannten. Im Mittelpunkt dieses Berichtes steht die Beziehung zwischen den beiden Frauen. Die Entfremdung, die zwischen ihnen stand, ist aufgehoben. Ein Stück Lebensbilanz!
2. *Hans Frick*, Die blaue Stunde, Steinhausen Verlag, München 1977 (Fischer TaBu 5064):
   Der Sohn erzählt vom Leben und Sterben seiner Mutter. Ein karges Leben, geprägt durch die Kriegs- und Nachkriegsjahre, steht noch einmal auf. Ein Buch von großer Intensität und literarischer Meisterschaft. Ein Denkmal für eine einfache, geradlinige Frau, aber auch ein Zeugnis des Suchens nach der eigenen Geschichte.
3. *Liliane Giudice*, Ohne meinen Mann. Aufzeichnungen einer Witwe, Kreuz-Verlag, Stuttgart/Berlin, 6. erw. Auflage 1980:
   Ein warmes, persönliches, tröstliches Büchlein, das mit großem Einfühlungsvermögen die Zeit der Trauer schildert. Durch alle Tiefen hindurch spürt man etwas von dem starken Glauben, der alles umschließt.
4. *Paul Kersten*, Der alltägliche Tod meines Vaters, Kiepenheuer & Witsch Verlag, Köln 1978:
   Der Autor merkt, daß die Fremdheit zu seinem Vater durch dessen Tod wohl unwiderruflich geworden ist. Ein Dokument des Suchens des Verstorbenen und damit auch der eigenen Biografie. Ein sehr ehrliches, an manchen Stellen fast quälerisch ehrliches Buch von großer Kraft und Authentizität.
5. *Clive St. Lews*, Über die Trauer (aus dem Englischen von A. Kuoni), Benzinger Verlag, Zürich/Einsiedeln/Köln 1982:

Eine Art Tagebuch, das die Trauer des Verfassers nach dem Tod der Frau festhält. Ein Buch von einer unaufdringlichen und schlichten Reife und Erfahrung, die dem Leser viel Raum für eigene Gedanken und Empfindungen läßt.

6. *Peter Noll*, Diktate über Sterben & Tod. Mit der Totenrede von Max Frisch, Serie Piper Band 539, München 1987:
Der Autor, ein bekannter Strafrechtler aus Zürich, erfährt, daß er an Blasenkrebs leidet. Eine Operation, die seine Lebenszeit verlängern könnte, lehnt er ab. Stattdessen entschließt er sich, sein Sterben anzunehmen, sich damit auseinanderzusetzen und seine Erfahrungen an die Lebenden weiterzugeben. Ein sehr nachdenkliches, sehr ehrliches Buch.

7. *Anne Philipe*, Nur einen Seufzer lang (aus dem Französischen von M. Bormann), rororo 1121, Rowohlt Verlag, Reinbek 1965[4]:
Der Schmerz einer Frau, Witwe des französischen Schauspielers Gérard Philipe, kommt hier ergreifend zum Ausdruck. Die Trauer um den toten Mann als Meditation, als Betrachtung, als Selbstgespräch. Ein Buch voller Wärme, voller Gefühl, voller Tröstlichkeit.

8. *Anne-Marie Tausch* und *Reinhard Tausch*, Sanftes Sterben. Was der Tod für das Leben bedeutet, Rowohlt Verlag, Reinbek 1985:
Das Buch erzählt zunächst von den persönlichen Erfahrungen der Familie Tausch mit der Krebserkrankung und mit dem Sterben von Anne-Marie Tausch. Im zweiten Teil geht es dann um die Begleitung Sterbender und um die Auseinandersetzung mit dem eigenen Tod.

9. *Peter Weiss*, Abschied von den Eltern, BS700, Suhrkamp Verlag, Frankfurt 1961:
»Ich war auf dem Weg, auf der Suche nach einem eigenen Leben.« Dies ist der Schlußsatz eines Buches, das mit der Kindheit beginnt, von den Schmerzen des Wachstums erzählt, von der Loslösung von Vater und Mutter, ehe es zu Eigenem hinfindet. Wer ein Stück großer Literatur lesen will und dafür auch eine anspruchsvolle Sprache nicht scheut, dem sei dieses Buch empfohlen.

10. *Fritz Zorn*, Mars, Kindler Verlag, München 1977 (Fischer TaBu 2202):
Das Buch eines krebskranken jungen Mannes, ein Bericht vom Leben, ein Bericht vom Sterben, schneidend, vulkanisch, kalt, erschütternd. Der Autor trauert dem verlorenen, dem nicht-gelebten Leben nach. Es ist der Aufschrei eines Todkranken (siehe die Wahl des Pseudonyms und des Titels) und die schonungslose Analyse einer unheilbar kranken Gesellschaft.

II. Fachbücher

A. Zur Trauer allgemein

1. *Jorgos Canacakis*, Ich sehe deine Tränen. Trauern, klagen, leben können, Kreuz Verlag, Stuttgart 1987:
Der Verfasser, Psychologe und Psychotherapeut, bemüht sich in einer einfachen und persönlichen Weise, Verständnis für die vielen Formen der Trauer zu erwekken. Dazu erhält der Leser eine Fülle praktischer Hinweise.
2. *Verena Kast*, Trauern. Phasen und Chancen des psychischen Prozesses, Kreuz Verlag, Stuttgart/Berlin 1982:
An Hand von umfangreichem Traummaterial versucht die Psychotherapeutin den Weg der Trauerarbeit nachzuzeichnen. Im Hintergrund steht dabei die Jung'sche Psychologie. Ein anschauliches, einfühlsames, fundiertes Buch, das vor allem immer wieder auf den Beitrag des Unbewußten in der Bewältigung der Trauer hinweist.
3. *Reinhold Lindner*, Begleitung Trauernder (Studienbriefe, Seelsorge S 4, Arbeitsgemeinschaft Missionarischer Dienste [Hg.]), Stuttgart:
Ein Heft, das sich gut als erste Einführung in das Problem der Trauer eignet. Die wichtigsten Forschungsergebnisse werden vorgetragen und in das seelsorgerliche Anliegen des Verfassers hineingenommen.

4. *Colin Murray Parkes*, Vereinsamung. Die Lebenskrise bei Partnerverlust (aus dem Englischen von R. Fleissner), rororo 7130, Rowohlt Verlag, Reinbek 1978:
   Das Buch bringt eine Klärung und Erklärung der vielfältigen Traueraspekte. Es fußt dabei auf einer Fülle von klinischen Untersuchungen. Seine Stärke liegt auf der Vermittlung von Kenntnissen zum Trauerprozeß.

5. *Lily Pincus*, ...bis daß der Tod euch scheidet. Zur Psychologie des Trauerns (aus dem Amerikanischen von G. Hansen), Deutsche Verlagsanstalt, Stuttgart 1977 (Ullstein TaBu 34096):
   Ein Buch aus der Praxis der Psychotherapie und Sozialarbeit. Es enthält viele persönliche Momente und ist sehr verständlich geschrieben.

6. *Yorick Spiegel*, Der Prozeß des Trauerns. Analyse und Beratung (Gesellschaft und Theologie, Abt. Praxis der Kirche), Chr. Kaiser Verlag, München 1973[2]:
   Dies ist wohl die gründlichste Zusammenfassung der gegenwärtigen Trauerdiskussion. Eine solide Einführung und ein Nachschlagewerk in einem.

B. *Zu besonderen Trauersituationen*

1. *Marielene Leist*, Kinder begegnen dem Tod. Ein beratendes Sachbuch für Eltern und Erzieher, Gütersloher Verlagshaus, Gütersloh 1979:
   In einer wissenschaftlich verantworteten Weise wird hier praktische Hilfe angeboten. Kinder sollen ermutigt werden zu trauern und Abschied zu nehmen. Ein Buch, dem man eine reiche psychotherapeutische Erfahrung anmerkt.

2. *Helen Epstein*, Die Kinder des Holocaust. Gespräche mit Söhnen und Töchtern von Überlebenden (aus dem Amerikanischen von Christian Spiel), C. H. Beck Verlag, München 1987:
   Die Großeltern der Autorin wurden von den Nazis ermordet, die Eltern überlebten die Hölle von Auschwitz und Bergen-Belsen. Auf eine ergreifende Weise schildert Helen Epstein, mit welchen Tabus, mit welchen Alpträumen und mit welchen Verfolgungsängsten

111

auch die Kinder der Holocaust-Überlebenden aufwachsen müssen.

3. *Margarete Mitscherlich*, Erinnerungsarbeit. Zur Psychoanalyse der Unfähigkeit zu trauern, S. Fischer Verlag, Frankfurt 1987:
Die in diesem Band zusammengefaßten Beiträge sind eine Fortschreibung des 1967 erschienenen Buches von Alexander und Margarete Mitscherlich mit dem schon sprichwörtlich gewordenen Titel »Die Unfähigkeit zu trauern«. Auch für ein Volk, so der zentrale Gedanke, ist die Trauer der einzige Weg, mit traumatischen Erlebnissen fertigzuwerden.

4. *Erwin Ringel*, Selbstmord – Appell an die anderen. Eine Hilfestellung für Gefährdete und ihre Umwelt (wachsen + gestalten), Chr. Kaiser Verlag, München 1980[3]:
Eine sehr gut leserliche und doch jederzeit fundierte Einführung in das Problem des Suizid. Der Leser wird nach der Lektüre viel besser verstehen, was einen Menschen zum Suizid führt und von daher sein eigenes Denken und Verhalten überprüfen können.

5. *Harriet Schiff*, Verwaiste Eltern (aus dem Amerikanischen von Ch. Reich), Kreuz Verlag, Stuttgart/Berlin 1978:
Die Autorin erlebte den Tod ihres zehnjährigen Sohnes. Aus dieser Erfahrung heraus schreibt sie für andere verwaiste Eltern. Ein warmes, tröstliches, einfühlsames Buch, das viel Ermutigung ausstrahlt.

6. *Dietrich Stollberg*, Nach der Trennung. Erwägungen für Geschiedene, Entlobte, Getrennte und Verheiratete (wachsen + gestalten), Chr. Kaiser Verlag, München 1980[3]:
Ein sehr hilfreicher Leitfaden für eine gute Verarbeitung von Trennungserlebnissen. Psychologisches Wissen und seelsorgerisches Verstehen begleiten den Leser durch das Auf und Ab seines Erlebens. Bei allem Schmerz bleibt die Chance des neuen Anfanges. Dazu gibt es eine Fülle von Impulsen.

KAISER TASCHENBÜCHER

43 Helmut Gollwitzer, Die Existenz Gottes im Bekenntnis des Glaubens, hg. von Peter Winzeler, Ausgewählte Werke Bd. 2, 208 Seiten, kart. ISBN 3-459-01773-2

44 Helmut Gollwitzer, Mensch, du bist gefragt. Reflexionen zur Gotteslehre, hg. von Peter Winzeler, Ausgewählte Werke Bd. 3, 336 Seiten, kart. ISBN 3-459-01774-0 (Originalausgabe)

45 Helmut Gollwitzer,...daß Gerechtigkeit und Friede sich küssen. Aufsätze zur politischen Ehtik Bd. 1, hg. von Andreas Pangritz, Ausgewählte Werke Bd. 4, 256 Seiten, kart. ISBN 3-459-01775-9 (Originalausgabe)

46 Helmut Gollwitzer,...daß Gerechtigkeit und Friede sich küssen. Aufsätze zur politischen Ethik Bd. 2, hg. von Andreas Pangritz, Augewählte Werke Bd. 5, 400 Seiten, kart. ISBN 3-459-01776-7 (Originalausgabe)

47 Helmut Gollwitzer, Umkehr und Revolution. Aufsätze zu christlichem Glauben und Marxismus Bd. 1, hg. von Christian Keller, Ausgewählte Werke Bd. 6, 288 Seiten, kart. ISBN 3-459-01777-5 (Originalausgabe)

48 Helmut Gollwitzer, Umkehr und Revolution. Aufsätze zu christlichem Glauben und Marxismus Bd. 2, hg. von Christian Keller, Ausgewählte Werke Bd. 7, 288 Seiten, kart. ISBN 3-459-01778-3 (Originalausgabe)

49 Helmut Gollwitzer, Auch das Denken darf dienen. Aufsätze zu Theologie und Geistesgeschichte Bd. 1, hg. von Friedrich-Wilhelm Marquardt, Ausgewählte Werke Bd. 8, 432 Seiten, kart. ISBN 3-459-01779-1 (Originalausgabe)

50 Helmut Gollwitzer, Auch das Denken darf dienen. Aufsätze zu Theologie und Geistesgeschichte Bd. 2, hg. von Friedrich-Wilhelm Marquardt, Ausgewählte Werke Bd. 9, 288 Seiten, kart. ISBN 3-459-01780-5 (Originalausgabe)

51 Bibliographie Helmut Gollwitzer, hg. von Christa Haehn, mit einem Essay „Helmut Gollwitzer. Weg und Werk" von Friedrich-Wilhelm Marquardt, Ausgewählte Werke Bd. 10, 176 Seiten, kart. ISBN 3-459-01781-3 (Originalausgabe)

52 James W. Fowler, Glaubensentwicklung. Perspektiven für Seelsorge und kirchliche Bildungsarbeit, eingeführt und herausgegeben von Friedrich Schweitzer. Aus dem amerikanischen Englisch übersetzt von Sieglinde Denzel und Susanne Naumann, 179 Seiten, kart. ISBN 3-459-01797-X (Originalausgabe)

53 Die heilsame Reise. Kurze Geschichten zum Nachdenken, hg. von Ulrich Kabitz mit Lore Graf, Martin Lienhard und Reinhard Pertsch. 170 Seiten, kart. ISBN 3-459-01798-8 (Originalausgabe)

54 Gert Otto, Sprache als Hoffnung. Über den Zusammenhang von Sprache und Leben, 110 Seiten, kart. ISBN 3-459-01799-6 (Originalausgabe)

55 Alfred Walter, AIDS als Versuchung. Christliche Existenz und schwere Krankheit, 185 Seiten, kart. ISBN 3-459-01800-3 (Originalausgabe)

KAISER TASCHENBÜCHER

KAISER TASCHENBÜCHER